Daddy Book

Life, Memory, Love, and Dream of my Daddy...Family Healing Book

INNOVER KOREA
이/노/버/코/리/아

Daddy Book

How much do you know about your Daddy?

To.

from.

Date. . .

■ 책 소개

우리는 아빠에 대해 얼마나 알고 있을까?
우리가 모르는 과거의 아빠는 어떤 모습이었을까?

\<Daddy Book\> : 대디북
그동안 몰랐던 아빠의 모습을 아빠가 직접 알려주는 책
우리가 생각하는 아빠는 과연 어떤 모습일까? 때로는 자상하시고
때로는 무뚝뚝하신 … 때로는 너무나도 존경스러운 우리의 아빠 ……
우리는 아빠에 대해 얼마나 알고 있을까? 아빠의 어린 시절 꿈,
즐겨 듣던 음악, 청춘, 사랑, 그리고 소중한 순간들 ……
Daddy Book은 우리가 몰랐던 아빠의 모습을 아빠가 직접 들려 주어
우리가 아빠와 더욱 친밀해질 수 있는 소중한 시간을 제공한다.

아빠와 자녀 간에 Family Healing을 만들어 줄
소통의 사다리가 되어주는 책
우리는 아빠와 어떤 관계를 유지하고 있을까? 어릴 때에 비해서 아빠와
거리감을 느끼고 있지는 않을까? 부모와 자녀 간에 대화가 단절된 요즘
의 아빠와 자녀들 사이에 소중한 이야깃거리가 되어줄 Daddy Book은
사람들이 평소에 자신의 아빠에게 궁금했던 질문들을 모아 간추린 책으
로서, 우리가 질문하고 아빠가 답하는, 우리와 아빠가 함께 만들어가는
Writing-Book이다.

대한민국 가장으로서의 삶에 대한 고충에 공감하면서도 쑥스러워서, 혹은 기회가 닿지 않아 아빠에게 감사와 사랑의 표현을 잘 못하는 자녀들에게 이 책은 또 하나의 특별한 추억을 만들어 줄 것이다.
친구이자 후원자, 또는 인생의 선배가 되어주셨던 우리의 아빠.
Daddy Book은 아빠의 이야기와 생각들, 그리고 우리들이 잊고 지내던 시간들을 공유하고 소통하는 첫걸음이 될 것이다.

아빠가 직접 저자가 되는, 직접 쓰는 책

이 책을 구입한, 또는 이 책을 선물 받은 아빠는 가장 마음에 드는 필기도구를 준비하자. 그리고 자녀는 아빠로부터 답을 듣고 싶은 질문들에 미리 체크를 해 두자. 아빠는 질문 하나하나를 천천히 읽어가면서 원하는 방식대로 답하면 된다. 아빠가 손수 작성한 이 책은 나중에 자녀들에게 또 다른 의미가 담긴 큰 선물이 될 것이다. 때로는 감동적이고 따뜻하면서도 때로는 유쾌한 질문들이 가득한 이 책은 직접 저자가 되어보는 아빠에게도 특별한 경험을 선사할 것이다.

아빠들에게

Daddy Book을 펼쳐든 당신,
질문들만 있다고 당황해 하지 마세요.

〈질문들에 대한 답은 아빠의 몫〉
이 책의 진짜 저자는 Daddy, 아빠인 당신입니다.
자녀들이 아빠에게 궁금해하는 때로는 진지한, 때로는 장난스러운 질문
들이 당신을 기다리고 있어요. 서먹한 사이였기 때문에, 시간이 없어서, 부
끄러워서 물어보지 못했던 아들, 딸의 이야기가 담겨 있습니다.

이 많은 답을 언제 완성하지?
Daddy Book은 당신에게 주어진 숙제가 아닙니다. 당장 완성할 필요도
없고 스트레스 받을 필요도 없습니다. 바쁜 당신을 위해 서랍 안에서 몇
날 며칠 당신을 기다려 줄 수도 있습니다. Daddy Book은 어느 날은 사
랑을, 어느 날은 고민을, 또 어느 날은 과거를 물어볼 것입니다. 그때마다
당신만의 생각과 시간을 담아 진심을 적어주시면 됩니다. 모든 질문이 이
세상 모든 아빠에게 해당하는 것은 아니겠지요. 때로는 공감하지 못할
질문들이 아빠 앞에 등장할 지도 모릅니다. 그럴 땐 간직하고 싶은 사진
을 준비해 주세요. 그리고 과감히 그 페이지를 앨범으로 만들어 보세요.
책장 깊숙한 곳에서 먼지 쌓여 있던 앨범을 꺼내 사진을 고르는 동안 피
어날 이야기들은 Daddy Book이 당신에게 드리는 또 하나의 선물입니다.

자녀들은 아빠에게, 그리고 아빠는 자녀들에게
마음을 표현하고 알려주세요.

아들, 딸이 아빠에게 Daddy Book을 선물해 주세요. 아빠에게 궁금했
지만 물어보지 못했던 말들이 있지 않았나요? 아빠에게 관심이 없어서
가 아니라고, 실은 궁금했었다고 이 책을 통하여 표현해 주세요.

이와는 반대로 아빠가 아들, 딸에게 Daddy Book을 선물해 보세요.
정성스레 답을 하고, 하고 싶은 이야기들을 적어 아이들에게 보여주세요.
"아빠는 이렇게 자랐고, 이런 순간도 있었으며, 이런 생각을 한단다."라
고 지금까지 하지 못했던 마음속 이야기들을 진솔하게 적어서 전해주세요.

무심한 듯, 그냥 툭 건네줘도 좋아요.
한참의 시간 동안 그 자리에 있어도 좋고요.
책을 펼쳐보는 순간부터 아빠와 자녀의 진정한 소통이 시작될 것입니다.

2013년 4월 18일 Daddy Book 편집부

074

'자녀의 체크란'
아빠에게 꼭 답을 듣고 싶은
질문에 체크하세요.

아빠가 생각하는 제가
아빠와 가장 닮은 부분은 무엇인가요?

*Mommy, what do you think our
similarities are?*

A.

□ 외모

☑ 성격

□ 습관

☑ 취향

□ 기타 :　　해당 답변에 체크하세요.

작성날짜 표기란

Date. 20 　.　　.

해당사항이 없는
질문에 사진을 붙여
스크랩북으로 만드세요

Question

075

□

지금 제 나이 때
아빠의 모습은 어땠나요?

*daddy, how did you look like
when you were at my age?*

A.

아버지가 질문에 대해
자유롭게 써 주세요.

내가 28살 때는 가족을 위해 일을 해야만 했단다.
가족을 위해 열심히 살았던 그 시간을 후회하지는
않는다만, 조금 아쉽기는 하구나.
그래서 너는 좀 더 많은 것을 누렸으면 하는 바람이다.
잊고 지냈던 그 시절을 떠올려보니 지금의 너도
그 시절 아빠처럼 이제 막 사회에서 꿈을 꾸는 단계
인데 아빠가 자꾸 잊어버리는 것 같구나. 천천히 인생
을 위해 조금씩 준비하며 마음 편히 가지렴.

Date. 20 13 . 04 . 18

Table of Contents

I Love You, Daddy

아빠, 사랑합니다

Daddy's Profile

아빠의 프로필

- 이 름

- 한 자

- 생년월일 　　　　　년 　　　월 　　일

- 혈액형 　　　　□ A 　□ B 　□ AB 　□ O

- 몸무게/키 　（　　　　） kg 　（　　　　　） cm

- 신발사이즈 　（　　　　） mm

- 콤플렉스

- 본적 or 고향

- 직 업

- 종 교

- 결혼기념일 　　　　　년 　　　월 　　일

- 주 량

Daddy's Day.

01

소년,
아빠의 추억

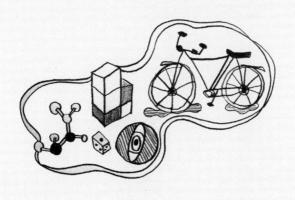

Memory, Daddy as a Boy

Scrap. 01

아빠의 어린 시절 추억이 담긴 사진을 붙여주세요.
Paste a picture of Daddy's childhood.

Date.　　.　　.

001

□

아빠는
어떤 소년이었나요?

*Daddy, what kind of boy were you
when you were in elementary school?*

A.

개구쟁이,　말썽꾸러기,

우등생,　모범생,　문제아,　반항아,

조용한,　활발한,　영재,　사교성이 뛰어난,

부끄러움을 잘 타는,　내성적인,　소심한,

사고뭉치,　뛰어노는 걸 좋아하는,　골목대장,

예의바른,　독립적인,　착실한,

산만한,　유쾌한

Date. 20　　　．　　　．

이 세상에 태어나 우리가 경험하는 가장 멋진 일은 가족의 사랑을 배우는 것이다.
조지 맥도날드 (George McDonald)

002

□

어린 시절
아빠가 살던 동네는 어떠했나요?

*Daddy, how was your neighborhood
when you were young?*

A.

Date. 20 . .

나의 집이란 장소가 아니라, 사람들이다.
로이스 맥마스터 (Lois McMaster Bujold)

003

□

아빠는 어릴 때
어떤 점이 저랑 비슷했나요?

Daddy, how similar were you from me
when you were a boy?

A.

▦ 성 격 :

▦ 습 관 :

▦ 외 모 :

▦ 취 향 :

▦ 알레르기 :

▦ 기 타 :

Date. 20   .   .

부모는 자식을 가장 잘 파악하고 있는 사람이다.
서양 속담 (Western Proverb)

004

□

어린 시절
아빠가 기억하는 첫 기억은?

Daddy,
what are your first memories?

A.

Date. 20 . .

가정은 누구나 '있는 그대로'의 자신을 표시할 수 있는 유일한 장소이다.
A. 모루아 (A. Maurois´)

005

□

아빠의
가장 친한 친구는 누구였나요?

Daddy,
who was your best friend?

A.

■ 이 름 :

■ 만난 시기 :

■ 연락처 :

Date. 20 . .

우정이란 나눔과 공유를 통해 우리의 성공을 더욱 빛나게 하고, 고난을 덜어 주는 것이다.
키케로 (Cicero)

006

□

학창시절에 가장 좋아하고 싫어했던 과목은 무엇인가요?

Daddy, what subjects did you like and dislike?

A.

■ 좋아했던 과목

■ 싫어했던 과목

Date. 20 . .

인생은 과감한 모험이든가, 아니면 아무 것도 아니다.
헬렌 켈러 (Helen Keller)

□

아빠한테 어린시절
추억의 음식이 있었다면 무엇인가요?

Daddy, when you were young,
what was your favorite food?

A.

Date. 20 .   .

행복을 즐겨야 할 시간은 지금이다. 행복을 즐겨야 할 장소는 여기다.

로버트 인젠솔 (Rober Ingersoll)

008

□

어린 시절 친구들 사이에서
아빠의 별명은 무엇이었나요?

*Daddy, what was your nickname
when you were young?*

A.

■ 이유는?

Date. 20   .   .

유머 감각은 리더십 기술이자, 사람들과 잘 어울리고 일을 성사시키는 요령이다.
드와이트 D. 아이젠하워 (Dwight D. Eisenhower)

009

□

어린 시절 장난 중 지금도 기억나는 것이 있다면 무엇인가요?

Daddy, what was the mischief that you got into?

A.

Date. 20 . .

진정한 우정은 친구의 많고 적음이 아니라 그 깊이와 소중함으로 판단할 수 있다.
벤 존슨 (Ben Jonson)

010

☐

어린 시절 아빠가 가장
좋아했던 음식은 무엇인가요?

*Daddy, what was your favorite food
when you were young?*

A.

Date. 20 . .

부모란 자녀에게 사소한 것을 주어 아이를 행복하게 하게끔 만들어진 존재다.

오그든 내쉬 (Ogden Nash)

011

□

아빠의 사춘기는 언제였나요? 그 시절 아빠의 최고의 일탈은 무엇이었나요?

Daddy, when was your puberty?
What was your best break away at that time?

A.

■ 언제였나요?

■ 그 시절 최고의 일탈 사건

Date. 20 .   .

인생은 스스로 되풀이하면서 변화하는 모습의 연속이 아닐까?
앤디 워홀 (Andy Warhol)

김대희 27세/남 회사원

아빠의 넓은 등. 하지만 무거워 보이고 어쩐지 외로워 보이는 어깨. 그 뒷모습이 생각납니다. 우리와 같은 청춘을 보내고 젊은 꿈을 가졌지만, 어느새 어른이 되어버린 그런 슬픈 어른이 떠오릅니다.

이동훈 25세/남 회사원

아버지 하면 항상 떠오르는 것은 뒷모습이다. 어느 날 갑자기, 평소와 다름없이 창가에 기대어 담배를 피우고 계신 아버지의 뒷모습을 봤는데 축 처진 어깨를 보고 울컥했던 기억이 있다. 그 누구보다 든든하고 강해 보이던 뒷모습이었는데… 그 모습과 겹쳐져서 가슴이 먹먹해졌다. 이제 나도 사회생활 막 시작한 청년이 되고 나서, 그 긴 세월 이리 치이고 저리 치이면서 혼자 분투하셨을 아버지 모습을 생각하면 나는 항상 속 썩이고 못나게 행동한 것 같아 죄송스럽고 마음이 아프다. 앞으론 제가 더 열심히 해서 아버지께 힘이 되어 드리고 싶어요. 사랑합니다, 아버지.

정운철 40세/남 목수

예전에 1977년쯤, 추수가 끝난 가을에 아버지는 추수를 끝낸 쌀을 트럭에 싣고 쌀을 팔러 가셨었다. 해가 슬쩍 지기 시작할 때쯤 트럭은 다시 돌아왔고 짐칸엔 쌀가마니 대신 작은 아동용 은색 자전거가 있었다. 그때만 해도 그런 자전거는 쌀 두 가마는 팔아야 살 수 있는 비싼 물건이었기에 그걸 받고 아주 좋아했던 기억이 있다. 그걸 타고 국민학교도 다니고 놀러도 다니고 온 동네 애들도 부러워하고… 그 때문에 도둑맞았다가 다시 찾기도 했었다. 우리 아버지… 평소엔 자식하고 말도 별로 없었는데….

신창호 51세/남 교수

나에게 아버지는 내 행동의 울타리였고 삶의 방향을 이끌어준 스승이었다. 나는 언제나 기꺼이 그런 아버지의 심부름꾼이 되었고, 아버지는 말없이 조용하게 그에 대한 대가를 지불하였다. 그것은 부모와 자식을 잇는 사랑의 끈이었고, 그 내면의 사고와 행위는 자율을 구가하라는 훈령 속에서 이루어졌다. 아버지는 그처럼 보이지 않는 가르침을 통해, 인생이 '살아지기'와 '살아가기'의 이중주임을 내게 남겨 주었다. 그리하여 나는 이렇게 생각한다. 아버지는 내게 물려준 DNA를 통해, 오늘의 나를 다시 훈도(訓導)하고 계신다고.

김재홍 28세/남 대학원생

'아빠! 나 용돈 필요해요!'

'그럼 아빠가 출근할 때 일어나.'

내일은 일찍 일어나야 한다며 마음속으로 각오를 되새기며 잠이 들었지만, 새벽 5시에 출근하시는 아버지를 붙잡기는 힘들었다. 아직 쌀쌀한 공기가 몸에 닿는 것이 싫었는지 이불을 부여잡았고 억지로 눈을 뜨려 했지만, 일어났을 때 아버지는 이미 출근하신 상태였다. 전화기를 붙잡고 '아빠, 내일은 꼭 일찍 일어날게요!' 라는 다짐에 돌아오는 답변은 '그래라. (웃음)'

그렇다. 언제나 아버지는 가족을 위해 새벽 5시, 서울에서 포천이라는 먼 길을 출근하신다. 밤에 술을 드셨어도, 몸이 아파 쉽게 잠이 들지 못했을 때도, 이른 아침 식사도 거르고 나가신다. 내게 아버지의 모습이란 단연 부지런함이다. 이런 아버지의 모습을 보는 것이 너무나도 자랑스럽지만, 철없는 내 모습을 거울로 돌아보는 느낌이기도 하다.

아버지에 대해 **이야기하다**

Daddy's Day.

02

아빠의
청춘

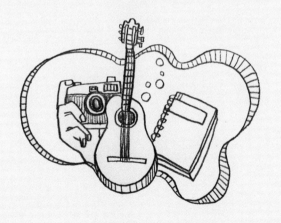

Daddy's Youth

Scrap. 02

아빠의 20대를 추억할 수 있는 사진을 붙여주세요.
*Paste a picture that has memory
of Daddy's youth.*

Date.   .   .

012

□

20대 때
아빠의 취미는 무엇이었나요?

*Daddy, what were your hobbies at
your twenties?*

A.

독서,　영화보기,

음악감상,　악기 연주,　요리,

친목 모임 참석,　운동,　게임,　오락,　만화책,

당구,　우표 수집,　음주가무,　레코드판 수집,

동전 모으기,　무언가를 조립하기,

낚시,　그림 그리기,　사진 찍기,

글쓰기,　여행 다니기

Date. 20　　.　　.

인생은 사람들 앞에서 바이올린을 켜면서 바이올린을 배우는 것과 같다.

사무엘 버틀러 (Samuel Butler)

013

□

아빠는
20대를 어떻게 보내셨나요?

Daddy, how was your twenties?
What did you do at that time?

A.

Date. 20 .   .

인생에 있어서 큰 비밀은 큰 비밀 따위는 없다는 것이다.
당신의 목표가 무엇이든 열심히 할 의지가 있다면 달성할 수 있다.

오프라 윈프리 (Oprah Winfrey)

014

□

아빠가 청년 시절
좋아했던 연예인은 누구였나요?

Daddy, who were the celebrities
that you liked when you were young?

A.

▨ 가 수 :

▨ 노 래 :

▨ 배 우 :

▨ 코미디언 :

▨ 기 타 :

Date. 20   .   .

모든 사람에게 친절하고, 많은 사람들을 좋아하고, 특별한 몇몇 사람을 사랑하고,
사랑하는 이들에게 필요한 존재가 되는 것, 이것은 분명히 행복에 더 가까이 다가가는 일이다.
메리 로버츠 라인하트 (Mary Robets Rinehart)

015

□

젊은 시절 아빠의 가장
철없던 행동은 무엇이었나요?

Daddy, what was the most immature behavior
that you did when you were young?

A.

Date. 20 .   .

인생의 목적은 성숙해지지 않기 위해 싸우는 것이다.
딕 워트하이머 (Dick Werthimer)

016

□

아빠가 스무살로 돌아간다면
꼭 해보고 싶은 것은 무엇인가요?

Daddy, what would you want to do
if you go back to twenty?

A.

□   여행

□   공부/배움

□   사회 경험

□   연애

□   취미생활

□   기타 :

Date. 20   .   .

인생을 어떻게 살지 배워야 할 필요를 더욱 깨달아야 한다.
왜냐하면 인생은 매우 빠르고, 때로 너무 순식간에 지나가기 때문이다.
앤디 워홀 (Andy Warhol)

017

□

아빠가
군대에 있던 시절 특별한 추억은?

*Daddy, do you have any special memories
when you were at military?*

A.

Date. 20   .   .

인생은 무대다. 네 역할을 연기하는 걸 배워라.
그리스 속담 (Greek Proverb)

018

□

아빠가 20대에
도전해 보지 못한 경험은 무엇인가요?

*Daddy, what are the challenges
that you could not make at your twenties?*

A.

Date. 20 . .

"나는 최선을 다했다." 이 삶의 철학 하나면 충분하다.
린 유탕 (Lin Yutang)

019

□

아빠의 20대 시절을 떠올리게 하는 추억의 물건이 있나요?

Daddy, is there any thing that reminds you of your twenties? Any item?

A.

Date. 20   .   .

우리 모두는 인생에서 만회할 기회라 할 수 있는 큰 변화를 경험한다.
해리슨 포드 (Harrison Ford)

□

아빠가 20대에 해본 것 중
저도 해보았으면 하는 경험은?

Daddy, do you have any experience from your
twenties that you also recommend me to do?

A.

- □ 여행
- □ 연애
- □ 취미활동
- □ 결혼
- □ 아르바이트
- □ 기타 :

■ 이유는?

Date. 20   .   .

인생이란 누구나 한번쯤 시도해 볼 만한 것이다.
헨리 J. 틸만 (Henry J. Tillman)

021

☐

아빠의 연애 시절
이상형은 어떤 사람인가요?

Daddy,
who was your Miss Right?

A.

☐ 조신한 여자

☐ 활발하고 재미있는 여자

☐ 섹시하고 도도한 여자

☐ 똑똑한 여자

☐ 청순한 여자

☐ 귀여운 여자

☐ 기 타 :

Date. 20   .   .

사랑은 눈 먼 것이 아니다. 더 적게 보는 게 아니라 더 많이 본다.
다만 더 많이 보이기 때문에, 더 적게 보려고 하는 것이다.
랍비 줄리어스 고든 (Rabbi Julius Gordon)

022

□

아빠의
첫 키스는 언제였나요?

Daddy,
when was your first kiss?

A.

□   과거는 과거일 뿐이다

Date. 20   .   .

아마도 사랑할 때 우리가 경험하는 감정은 우리가 정상임을 보여준다.
사랑은 스스로 어떤 사람이 되어야 하는지를 보여준다.

안톤 체홉 (Anton Chekhov)

023

□

잊지 못할 아빠의 첫사랑이 있었다면 언제였나요?

Daddy, when was your first love you would never forget?

A.

□ 비밀이다

044

Date. 20   .   .

미숙한 사랑은 '당신이 필요해서 당신을 사랑한다'라고 하지만
성숙한 사랑은 '사랑하니까 당신이 필요하다'라고 한다.

윈스턴 처칠 (Sir Winston Churchill)

024

□

누군가에게 실연을 당했을 때 아빠만의 가장 효과적인 극복 방법은 무엇이었나요?

Daddy,
how did you overcome when you broke up?

A.

□ 학업이나 일에 집중한다.

□ 여행을 다닌다.

□ 새로운 사람을 만난다.

□ 친구들과 시간을 보낸다.

□ 술로 마음을 달랜다.

□ 기 타 :

Date. 20 . .

사랑하고 이별해 보았으므로 당신은 더 부자이다.
서양 속담 (Western Proverb)

025

□

아빠의
첫 직업은 무엇이었나요?

*Daddy,
what was your first job?*

A.

Date. 20　　·　　·

절대 어제를 후회하지 마라. 인생은 오늘의 나 안에 있고, 내일은 스스로 만드는 것이다.
L. 론 허바드 (L. Ron Hubbard)

026

□

아빠가 직장에서 받은
첫 월급은 얼마인가요?

Daddy,
how much was your first salary?

A.

■ (   ) 원

■ 어떻게 사용했나요?

Date. 20   .   .

인생은 짧은 하루에 불과한데, 그것도 일하는 날이다.
서양 속담 (Western Proverb)

027

□

아빠의 청춘에 관하여
가장 그리운 것은 무엇인가요?

*Daddy, what do you miss the most
about your youth?*

A.

Date. 20 . .

인생은 학기처럼 구분되어 있지 않다. 여름 방학이란 것은 아예 있지도 않고,
극소수의 상사만이 당신의 자아 발견에 관심을 가진다.
빌 게이츠 (Bill Gates)

Talking about My Daddy

유창훈 40세/남 백화점 판매기획팀 과장

생각해 보면 나도 아버지와 대화가 없었던 것 같다. 아버지는 무섭기만 한 존재일 뿐... 언제나 질문이나 요청은 어머니를 통해서 했었다. 그럼 그 답도 어머니에게서 받았고, 지금은 어느덧 나에게 이것저것을 묻는 아들, 딸이 생겼다. 아버지! 하늘에서 우리 가족 잘 지켜주고 계시죠? 저 잘 살고 있는 거 맞죠? 그리고 아직까지 여전히 어려운 장인어른께 이 책을 선물해 드리고 싶다. 장인어른! 아무것도 없는 저의 어떤 면을 보고 결혼을 승낙해 주셨나요?

한승우 35세/남 자영업

제가 고등학교 때 사고 쳐서 부모님 모시고 오라는 이야기에 엄마를 부르기가 무서워서 아빠한테 전화해서 결국 아빠가 왔었죠. 그때 야단만 맞을 줄 알았는데 학교 나서면서 배고팠냐고 물으시던 아빠… 자장면 먹으면서 한참 울었던 기억이 나네요. 처음 중고차를 사서 아빠와 함께 드라이브한 적이 있었죠. 어느 때보다 흐뭇하게 쳐다보던 따스한 아빠의 시선이 지금도 기억나요. 이제 아빠 둘째 아들이 벌써 35살이나 되었는데 이제서야 순간순간 아빠와의 추억이 기억나네요. 서운할 때는 서운하다고 말씀하시지 그러셨어요. 아빠의 아들로 태어나서 너무나도 다행인 것 같아요.

아버지에 대해 이야기하다

Daddy's Day

03

아빠만의
꿈

Dreaming Daddy

Scrap. 03

아빠의 꿈과 관련된 사진을 붙여주세요.
Paste a picture about Daddy's dream.

Date. . .

028

□

아빠는
어른이 되면 어떻게 살고 싶었나요?

*Daddy, how did you want to live your life
when you grew up?*

A.

부자가 되고 싶었다,

자유롭게 살고 싶었다,   정직한 사람이 되고 싶었다,

성실한 사람이 되고 싶었다,   명예로운 사람이 되고 싶었다,

행복하게 살고 싶었다,   좋은 가정을 꾸리고 싶었다,

미래에 대한 생각이 별로 없었다,

유명한 사람이 되고 싶었다

Date. 20   .   .

인생이 살 만한 이유는 무엇인가에 대한 신념과 열정이 있기 때문이다.
올리버 웬들 홈스 (Oliver Wendell Holmes)

029

□

아빠의
첫 번째 장래희망은 무엇이었나요?

*Daddy, what did you want to be
in the first place?*

A.

Date. 20   .   .

인생이란 진지하게 이야기하기에는 너무나 중요한 것이다.
오스카 와일드 (Oscar Wilde)

030

□

아빠는 언제
직업에 대한 진로를 결정했나요?

Daddy,
when did you decide your job?

A.

    □   초등학생 때

    □   중학생 때

    □   고등학생 때

    □   대학생 때

    □   사회생활을 시작했을 때

    □   기 타 :

Date. 20 .   .

인생은 자전거를 타는 것과 같다. 균형을 잡으려면 움직여야 한다.
알버트 아인슈타인 (Albert Einstein)

031

□

아빠의
어릴 적 꿈이 이루어졌나요?

Daddy, did your dream come true?
(What was it?)

A.

□　Yes　　　　□　No

■　무엇이었나요?

Date. 20　　　.　　　.

하루하루를 어떻게 사느냐가 인생을 결정한다.
애니 딜러드 (Annie Dillard)

032

□

아빠는 자녀에게
어떤 아빠가 되고 싶었나요?

*Daddy, what kind of daddy
did you want to be?*

A.

□ 가정적인 아빠

□ 돈 잘 버는 아빠

□ 엄격한 아빠

□ 무서운 아빠

□ 재밌는 아빠

□ 친구 같은 아빠

□ 기 타 :

Date. 20   .   .

인생을 다시 산다면, 나는 똑같은 실수를 조금 더 일찍 저지를 것이다.
탈룰라 뱅크헤드 (Tallulah Bankhead)

033

□

가장으로서
아빠의 꿈은 무엇인가요?

Daddy,
what is your dream as a father?

A.

Date. 20 .   .

좋은 아버지는 어디서든지 가장 늦게 자고 가장 일찍 일어난다.
상냥하고 다정한 아버지는 아이들을 불행하게 만들고 게으르게 한다.

프랑스 속담 (French Proverb)

034

□

아빠에게 가정이 없었다면
하고 싶은 일은 무엇인가요?

Daddy, if you did not have a family,
what would you want to do?

A.

□   비밀이다

□   생각해본 적이 없다

Date. 20   .   .

속도를 줄이고 인생을 즐겨라. 너무 빨리 가다 보면 놓치는 것은 주위 경관뿐이 아니다.
어디로 왜 가는지도 모르게 된다.

에디 캔터 (Eddie Cantor)

035

□

아빠는
퇴직을 하시면 무엇을 하고 싶나요?

*Daddy, what do you want to do before
you retire?*

A.

060

Date. 20   ·   ·

당신이 인생의 주인공이기 때문이다. 그 사실을 잊지 말라.
지금까지 당신이 만들어 온 의식적, 그리고 무의식적 선택으로 인해 지금의 당신이 있는 것이다.
바바라 홀 (Barbara Hall)

036

□

아직 해결 중인 인생의 숙제나
언젠가 꼭 이루고 싶은 꿈은 무엇인가요?

*Daddy, what are your dreams or problems to solve
that you still have?*

A.

Date. 20   .   .

어린 시절 우리는 어른이 되면 더 이상 나약하지 않을 거라 생각했다.
하지만 어른이 된다는 것은 나약함을 받아들이는 것이다. 살아있다는 것은 나약하다는 것이다.

매들린 랭글 (Madeleine L'Engle)

이수민 21세/여 대학생

아빠를 항상 챙겨드리고 싶은 마음이 든다. 나이가 한 살씩 먹어갈수록 아빠가 힘들었겠다, 지금도 힘들겠다는 생각이 든다. 마음은 이런데, 살갑게 잘해드리는 딸이 아니라서 미안한 마음도 든다.

박현준 11세/남 초등학생

아빠가 날 낳아주신 덕분에 내가 이렇게 자라고 있는 것 같다.
앞으로 아빠 말씀을 더 잘 들어야 되겠다. 아빠가 집에 일찍 들어오셨으면 좋겠다. 아빠, 감사합니다, 사랑해요!

류인출 39세/남 IT 마케팅 차장

항상 반문한다.
"나의 아이들의 눈에 비춰지고 있는 아버지란 나의 존재는 어떻게 기억될까?"
예측 불가능한 삶의 흐름 속에서 경제적으로 가족의 생활을 떠맡는, 그러나 가족과의 정서적 관계에서는 서툰 그런 존재는 아닐지. (현재 아이들과 아내와의 친밀한 관계를 볼 때, 유추하는 것은 그리 어렵지 않아 보이기도 하다) 지금까지 감정표현에 서툴기는 했으나, 나의 아이들에게 나란 존재가 자신을 희생함으로써 자식의 희생을 막아주고 아무리 힘든 일이 있어도, 돌아갈 집이 있다는 사실을 확인시켜 주고 누군가의 사랑을 독차지하고, 사랑이란 것이 어떤 것인지 알게 해주고 그리고... 적어도, 고통스러운 것을 견딜 만한 것으로 만들어 줄 수 있었던 그런 '아버지'의 존재로 기억될 수 있다면, 내가 세상에 존재하는 이유로 충분하지 않을까 생각한다.

이길영 24세/여 대학생

아빠는 까칠하고 무뚝뚝하다. 그런 줄 알았다. 중학교 2학년 때, 학원 선생님의 새끼 고양이를 며칠간 맡아주겠다고 무작정 집에 데려온 적이 있었다. 허락도 없이 집에 고양이를 데려왔다고 엄마 아빠 모두 난리가 났었다. 엄마는 특히 고양이는 요물이라고 쳐다보기도 싫고 징그럽다고 했었다. 나는 혹시 고양이를 밖에 버릴까봐 두근두근하면서 헌 옷가지를 모아서 거실 한켠에 고양이 집을 만들어주었다. 그리고 그날 밤, 화장실에 가려고 잠깐 방문 밖에 나왔는데, 아빠가 쪼그려 앉아 있는 거다. 아빠가 쪼그리고 앉아서 고양이에게 우유를 주고 있었다. 사실 우리 아빠는 정이 많고 따뜻한 사람이었다.

권혁찬 19세/남 고등학생

내가 힘들고 지칠 때 아빠는 항상 조언과 격려를 해주면서 내 무거운 짐을 조금이나마 덜어주시려고 노력하셨다. 항상 나에게 웃음을 선사하시면서 내가 해결할 수 없는 버거운 일과 마주쳤을 때 아빠는 해결 방안을 제시해 주셨으며 언제나 나의 편이 되어주셨다. 항상 나의 의견을 존중해주며 나의 상황을 감싸주며 이해해주셨던 아빠… 지금 이렇게 살아갈 수 있도록 도와 주신 것도 아버지 덕이라고 생각한다. 언제나 옳고 그름을 가르치시기 위해 내 잘못들을 꾸짖으시며 매로써 나의 인격을 더욱 성장시켜 주셨었다. 아빠 덕분에 지금까지 힘든 일들을 잘 견디고 잘 해결하면서 살아왔고 그 덕에 내가 지금 이렇게 편하게 살고 있는 것 같다.

아버지에 대해 **이야기하다**

Daddy's Day.

04

아빠와 엄마의
이야기

Story of Daddy & Mommy

Scrap. 04

아빠와 엄마의 연애시절
추억이 담긴 사진이나 결혼식 사진을 붙여주세요.

Paste a picture of Daddy and Mommy's wedding,
or a picture of them dating.

Date.　　　.　　　.

037

□

아빠가 본 엄마의 첫인상은 어땠나요?
엄마를 처음 봤을 때 무슨 생각이 들었나요?

Daddy, what did you feel or think
when you first saw mommy?

A.

예쁘다, 귀엽다,

아름답다, 사랑스럽다, 마음에 들지 않는다,

결혼해야겠다, 첫눈에 반했다, 별로다,

이상형이다, 특이하다, 만나보고 싶다, 까칠하다,

재미있다, 아담하다, 키가 크다, 섹시하다,

부모님한테 잘할 것 같다, 나쁘지 않다,

볼수록 매력적이다

Date. 20 . .

사랑하는 것은 천국을 살짝 엿보는 것이다.
카렌 선드 (Karen Sunde)

038

□

엄마와의 연애시절 중에
가장 기억에 남는 일은 무엇인가요?

*Daddy, what do you most remember about mommy
when you were dating?*

A.

Date. 20 .   .

나는 내가 아픔을 느낄 만큼 사랑하면 아픔은 사라지고 더 큰 사랑만이 생겨난다는 역설을 발견했다.
테레사 수녀 (Mother Teresa)

039

□

아빠와 엄마가 결혼 전에 갔던
데이트 장소 중에 제일 기억나는 곳은?

Daddy, where is the place you and mommy dated
that you most remember?

A.

Date. 20   .   .

진정한 사랑은 영원히 자신을 성장시키는 경험이다.
M. 스캇 펙 (M. Scott Peck)

040

□

아빠가 엄마에게 했던
최고의 닭살 행동은 무엇이었나요?

*Daddy, what was the best 'schmoop'
that you did to mommy?*

A.

Date. 20 . .

성공적인 결혼은 늘 똑같은 사람과 여러 번 사랑에 빠지는 것을 필요로 한다.
미뇽 머클로플린 (Mignon McLaughlin)

041

□

엄마와
연애시절 애칭이 있었나요?

*Daddy, did you have any 'pet name'
with mommy?*

A.

Date. 20   .   .

우리만이 사랑할 수 있고, 이전에 그 누구도 우리만큼 사랑할 수 없었으며,
이후에 그 누구도 우리만큼 사랑할 수 없음을 믿을 때 진정한 사랑의 계절이 찾아온다.

요한 볼프강 폰 괴테 (Johann Wolfgang von Goethe)

042

□

아빠가 엄마와의 결혼을
결심하게 된 계기와 프로포즈 방법은?

Daddy, why did you choose mommy as your bride?
How did you propose?

A.

■ 아빠는 엄마의 (   )를(을)

　　　　　　　보고 결혼을 결심하게 되었단다.

■ 프로포즈 장소 :

■ 프로포즈 대사 :

□ 조만간 할 예정이다

Date. 20   .   .

위대한 행동이라는 것은 없다. 위대한 사랑으로 행한 작은 행동들이 있을 뿐이다.
테레사 수녀 (Mother Teresa)

043

□

아빠가 보시기에
연애시절 엄마의 매력은 무엇이었나요?

Daddy,
what do you think mommy's charm was?

A.

Date. 20   .   .

기억하라. 아름다움에 반해서 결혼하면, 어쩌면 지속되지도 않고, 그 기쁨이 1년도 가지 못하는 것에
삶 전체를 옭아매게 된다. 그리고 그것을 손에 넣는 순간, 당신에게 아무런 가치가 없을 것이다. 열망은
성취했을 때 식어버리고 애정은 충족되면 사그라지기 때문이다. - 월터 롤리경 (Sir Walter Raleigh)

044

□

아빠가 생각하기에 연애시절 엄마와 결혼 후의 엄마의 차이점은?

Daddy, what do you think is the difference between mommy before marriage and after marriage is?

A.

■ 결혼 전 :

■ 결혼 후 :

Date. 20　　.　　.

저는 한때 결혼으로 인해 제가 작아지고, 제 선택이 제한될 거라 믿었어요. 누군가와 함께 하기
위해서는 더 작은 사람이 되어야 한다고 믿었던 거죠. 하지만 실제로는 더 큰 사람이 되어야 해요.
캔디스 버건 (Candice Bergen)

아빠는 엄마가 첫 아이를 가졌다는
이야기를 들었을 때 어떤 기분이 들었나요?

*Daddy, what did you think when you first heard
that mommy was pregnant?*

A.

Date. 20   .   .

이 세상에는 아이들 키우느라 늘 시달려서 정신이 없으면서도 어떻게
이렇게 멋지고 고통스런 일이 있는지 놀라워하는 여성들로 가득하다.
안나 퀸드랜 (Anna Quindlen)

046

□

결혼 후 엄마에게
미안한 점이 있으신가요?

*Daddy, did you ever feel sorry to mom
for anything after marriage?*

A.

Date. 20 . .

가정에서 마음이 평화로우면 어느 마을에 가서도 축제처럼 즐거운 일들을 발견한다.

인도 속담 (India Proverb)

047

□

지금도 엄마가 예뻐보이고 마음 설레는 순간이 있나요?

Daddy,
do you still think mommy is pretty?

A.

□ Yes   □ No

■ 언제인가요?

Date. 20   .   .

사랑은 결정이 아니다. 사랑은 감정이다.
누구를 사랑할지 결정할 수 있다면 훨씬 더 간단하겠지만 마법처럼 느껴지지는 않을 것이다.
트레이 파커 (Trey Parker)

048

□

엄마가 남자로서 보호본능을
자극하는 때가 있다면 언제인가요?

*Daddy, do mommy still
stir up your protective instincts as a man? When?*

A.

□ Yes □ No

▥ 이유는?

Date. 20 . .

결혼의 진정한 의미란 완전한 사람, 삶으로부터 도망치지 않는 책임감 있고
자율적인 존재가 되도록 서로를 도와주는 것이다.
폴 투르니에 (Paul Tournier)

049

□

아빠는 다시 태어나도
지금의 엄마와 결혼할 건가요?

Daddy, would you marry mommy
if you were born again?

A.

□ Yes   □ No

▫ 이유는?

Date. 20   .   .

사랑이란 한 사람과 다른 모든 사람들 사이에 있는 차이를 심각하게 과장한 것이다.

윌리엄 셰익스피어 (William Shakespeare)

결혼 후 달라진 엄마의
장점이 있다면 무엇인가요?

Daddy,
what is the best part of mommy after marriage?

A.

Date. 20   .   .

강렬한 사랑은 판단하지 않는다. 주기만 할 뿐이다.

테레사 수녀 (Mother Teresa)

051

□

아빠가 엄마에게 지금 가장 바라는
소원이 있다면 무엇인가요?

Daddy,
what do you wish from mommy now?

A.

Date. 20   .   .

사랑 받고 싶다면 사랑하라, 그리고 사랑스럽게 행동하라.
벤자민 프랭클린 (Benjamin Franklin)

052

□

엄마가
모르는 아빠의 비밀은?

A.

□ 비밀은 비밀이다

Date. 20 . .

지혜로운 자는 사랑하고, 다른 모든 이는 욕망할 지니.
아프라니우스 (Afranius)

053

□

엄마한테 잔소리를 듣거나 스트레스 받을 때 아빠만의 힐링(회복) 방법은?

*Daddy, how do you relieve
your stress from mommy?*

A.

Date. 20   .   .

더욱 완벽한 세상에서, 또는 이 매우 불완전한 세상에서 조금 더 주의깊게 살펴보면, 거의 모든 부부 모두가 더 어울리는 짝을 발견할지 모른다는 점에서, 행복한 결혼생활이더라도 거의 모든 결혼은 실수요. 하지만 진정한 영혼의 동반자는 실제로 결혼을 한 상대요. - J. R. R. 톨킨 (J. R. R. Tolkien)

054

□

아빠는
왜 부부싸움을 하나요?

Daddy,
why do you fight with mommy?

A.

□　의견차이　　　　　□　성격차이

□　엄마의 일방적인 잘못　　□　아빠의 일방적인 잘못

□　자녀 교육 문제　　　□　시댁 및 친정 문제

□　경제적인 이유　　　□　생각해 보면 사소한 것들

□　기 타 :

Date. 20　　　.　　.

내 부모는 45년간 단 한 번 싸웠다. 그 싸움은 43년간 계속됐다.

캐시 래드맨 (Cathy Ladman)

055

□

아빠의
결혼생활은 행복한가요?

Daddy
is your marriage a happy one?

A.

▨   아빠의 결혼생활은 10점 만점에 (   )점

▨   이유는?

□   아직은 비밀이다

Date. 20   .   .

사랑이란 한숨으로 일으켜지는 연기, 개면 애인 눈 속에서 번쩍이는 불꽃이요, 흐리면 애인 눈물로
바다가 되네. 그게 사랑 아닌가? 가장 분별 있는 미치광이요, 또한 목을 졸라매는 쓰디쓴 약인가 하면,
생명에 활력을 주는 감로이기도 하네. - 윌리엄 셰익스피어 (William Shakespeare)

056

□

아빠에게
엄마란?

A.

Date. 20   .   .

사랑은 증오의 소음을 덮어버리며 쿵쾅대는 큰 북소리다.

마가릿 조 (Margaret Cho)

천홍주 29세/여 초등학교 교사

내 기억 속 첫 페이지에 등장하는 아버지의 모습은 나를 목말 태우시고 시장을 한 바퀴 도시던 모습이다. 그때는 아버지의 어깨 위에 올라가면 아찔할 만큼 세상이 작게 보이고 신났던 기억이 난다. 이십여 년의 세월 동안 아버지는 나에게 항상 든든한 지원군이자 울타리였다. 그렇게 언제까지 슈퍼맨일 것 같았던 아버지가 요즘 따라 부쩍 늙어 보이신다. 한 집안의 가장으로, 누군가의 장남으로 아버지께서 느끼셨을 삶의 무게는 얼마나 컸을까? 그 짐을 덜어드릴 수는 없겠지만 옆에서 항상 응원하며 아버지와 함께 걸어가고 싶다.

임효선 35세/여 광고대행사 인터랙티브 기획

딸만 셋인 우리 아빠. 남자들은 여자들 쇼핑 따라다니는 게 참 고역이라는데, 어렸을 때 딸 셋의 옷 쇼핑을 같이 다녀 주시며… 맘에 든다 안 든다 라는 말씀이라도 해주신 게 얼마나 큰 애정표현이었는지… 이제 나이가 들어서 더 깨달았어요. 지금도 가끔 같이 쇼핑가면 딸들 옷 고르는걸 묵묵히 봐주시는 우리 아빠! 이제는 아빠 옷을 쇼핑하며 어울리는 옷을 골라드리는 딸이 될 수 있으면 좋겠어요. 성격 탓에 아빠나 저나 애정표현을 많이는 못하지만, 늘 사랑하는 마음 가득한 것 아시죠? 우리는 아빠와 딸이니까요! 건강하게 오래오래 함께 계셔주세요!

아버지에 대해 이야기하다

Daddy's Day.

05

아빠,
그리고 나

Daddy, and Me

Scrap. 05

**자녀의 아기 때 모습과
그때의 아빠 사진을 붙여주세요.**

*Paste a picture of Daddy & me
when I was a baby.*

Date.　　　.　　.

057

□

저를 처음 안았을 때
어떤 생각을 하셨나요?

Daddy, what came to your mind
when you first held me in your hands?

A.

신기하다,   뿌듯하다,

걱정스럽다,   행복하다,   감사하다,   미안하다,

놀랍다,   낯설다,   가슴 벅차다,   당황스럽다,

감격스럽다,   짜릿하다,   사랑스럽다,

애틋하다,   포근하다,   나랑 닮았다,   너무 작다,

뭉클하다,   반갑다,   든든하다,

못생겼다

Date. 20   .   .

부모는 그대에게 삶을 주고도 이제 그들(자신)의 삶까지 주려고 한다.
척 팔라닉 (Chuck Palahniuk)

058

□

제 이름은 누가 지었나요?
저의 태몽은 무엇이었나요?

Daddy, who named me and what was
the 'sign' of me coming to our family?

A.

▪ 네 이름은 ( )께서 직접 지어 주셨단다.

▪ 너의 태몽은 :

Date. 20 . .

사랑은 무엇보다도 자신을 위한 선물이다.
장 아누이 (Jean Anouilh)

☐

제가 아기였을 때 새벽에 잠들지 않고 울면 아빠는 무슨 생각이 들었나요?

Daddy, how did you feel when I woke up in the middle of the night and cried when I was a baby?

A.

Date. 20 ·   ·

사람들은 피가 물보다 진하다고 말하지. 아마 그렇기 때문에
남에게 쏟는 것보다도 더 많은 에너지와 열정으로 가족과 싸우는 걸 거야.
데이비드 아셀 (David Assael)

Question

060

□

아빠는 제 기저귀를
갈아보신 적이 있나요?

*Daddy,
have you ever changed my diapers?*

A.

□ Yes □ No

■ 최대 하루에 몇 번?

Date. 20 . .

이 세상에는 여러 가지 기쁨이 있지만, 그 가운데서 가장 빛나는 기쁨은 가정의 웃음이다. 그 다음의
기쁨은 어린이를 보는 부모들의 즐거움인데, 이 두 가지의 기쁨은 사람의 가장 성스러운 즐거움이다.

페스탈로치 (Pestalozzi)

061

□

아빠의 기억 중 가장 예뻤던
저의 모습은 어떤 모습인가요?

Daddy, when was the time
that I was the sweetest?

A.

Date. 20 .   .

가족들의 더할 나위 없는 귀염둥이였던 사람은 성공자의 기분을 일생 동안 가지고 살며,
그 성공에 대한 자신감은 그를 자주 성공으로 이끈다.

프로이드 (Sigmund Freud)

062

□

저를 키우시면서
가장 즐거웠던 순간은 언제인가요?

*Daddy, when was the happiest time
when you raised me up?*

A.

Date. 20   .   .

인간은 자기 자식이 집으로 돌아오도록 허락하는 유일한 피조물이다.
빌 코스비 (Bill Cosby)

063

□

점점 성장해 가는
저를 보면서 무슨 생각이 드셨나요?

Daddy, what did you think as
watching me grow up?

A.

Date. 20   .   .

가정이야말로 고달픈 인생의 안식처요, 모든 싸움이 자취를 감추고 사랑이 싹트는 곳이요,
큰 사람이 작아지고 작은 사람이 커지는 곳이다.
H.G. 웰스 (H. G. Wells)

064

□

저를 키우시면서
가장 힘들었던 순간은?

*Daddy, what was the most difficult time
when you raised me up?*

A.

Date. 20   .   .

세상은 고난으로 가득하지만, 고난의 극복으로도 가득하다.
헬렌 켈러 (Helen Keller)

065

□

제가 아빠에게 해드린 선물 중
가장 기억에 남는 것은 무엇인가요?

*Daddy, what was the gift from me
that you most remember?*

A.

Date. 20   .   .

가정의 단란함이 지상에 있어서의 가장 빛나는 기쁨이다.
서양 속담 (Western Proverb)

066

□

아빠가 저에게 가장 감동 받았을 때와 자랑스러웠을 때는 언제인가요?

Daddy, when were you most impressed or most proud of me?

A.

Date. 20   .   .

네 자식들이 해주길 바라는 것과 똑같이 네 부모에게 행하라.

소크라테스 (Socrates)

067

□

아빠가 저에게 제일
서운했던 순간은 언제인가요?

*Daddy, when did you feel most
disappointed of me?*

A.

Date. 20   .   .

올바른 순간에 잘못된 행동을 하는 것이 삶의 모순 중 하나라고 생각한다.

찰리 채플린 (Charlie Chaplin)

068

□

저를 '낳기를 잘했다'라고
생각한 순간은 언제인가요?

*Daddy, when were you glad to have me
as your child?*

A.

Date. 20   .   .

가족은 자연의 결작 중의 하나다.
서양 속담 (Western Proverb)

□

저와 함께 한 것 중에
가장 좋았던 것은 무엇인가요?

Daddy, what did you like the most among the things we did together?

A.

Date. 20 . .

저녁 무렵 자연스럽게 가정을 생각하는 사람은 가정의 행복을 맛보고 인생의 햇볕을 쬐는 사람이다.
그는 그 빛으로 아름다운 꽃을 피운다.
베히슈타인 (Carl Bechstein)

070

□

제 이름으로
삼행시를 지어주세요!

*Daddy, can you make a short poem
starting with my intials?*

A.

■ (   ) :

■ (   ) :

■ (   ) :

Date. 20   .   .

인생은 집을 향한 여행이다.
허먼 멜빌 (Herman Melville)

□

저에 대한 바람이
있었다면 무엇이었나요?

*Daddy, what was the desire
that you had about me?*

A.

□   얼짱/몸짱

□   든든한 직업

□   명문대 진학

□   정직하고 바른 사람

□   건강한 사람

□   효자, 효녀

□   기 타:

Date. 20   .   .

자기 자식을 알면 현명한 아버지이다.
윌리엄 셰익스피어 (William Shakespeare)

072

□

아빠가 저에게
듣고 싶은 이야기는 무엇인가요?

*Daddy, what are the things
that you want to hear from me?*

A.

Date. 20   .   .

현대 중산층 가정에서 아버지가 설 자리는 아주 좁다. 아버지가 골프를 친다면 특히 더 좁다.
버트런드 러셀 (Bertrand Russell)

073

□

아빠가 저에게 해주지 못한 것이 있다면 무엇이라고 생각하나요?

Daddy, do you have anything that you couldn't do for me?

A.

Date. 20   .   .

아버지가 물에 빠진 자식을 건지기 위해 물 속에 뛰어드는 것은 사랑의 감정이다. 사랑은 나 이외의 사람에 대한 행복을 위해서 발로된다. 인생에는 허다한 모순이 있지만 그것을 해결할 길은 사랑뿐이다.
톨스토이 (Lev Tolstoy)

074

□

아빠가 생각하기에 제가
아빠와 가장 닮은 부분은 무엇인가요?

*Daddy, what do you think our
similarities are?*

A.

□ 외 모

□ 성 격

□ 습 관

□ 취 향

□ 기 타 :

Date. 20 .

난 항상 아버지의 조언을 따랐다. 첫째, 언행을 일치시켜라. 둘째, 무심코 상대방을 모욕하지 말라. 그러
므로 내가 누군가를 모욕할 때, 그것은 분명 의도적인 것이다. 셋째, 괜히 시빗거리를 찾아다니지 말라.

존 웨인 (John Wayne)

075

□

지금 제 나이 때
아빠의 모습은 어땠나요?

*Daddy, how did you look like
when you were at my age?*

A.

'09

Date. 20   .   .

그대 한창 시절을 즐겨라.
그리스 속담 (Greek Proverb)

076

□

아빠는 제가 엄마를 닮은 게 좋은가요?
아빠를 닮은 게 좋은가요?

Daddy, do you wish me to become more like mommy or more like you?

A.

□ 아빠   □ 엄마

■ 이유는?

Date. 20   .   .

아버지 뼈 어머니 살
한국 속담 (Korean Proverb)

☐

아빠가 저와 가장 잘 통한다고 느낄 때는 언제인가요?

Daddy, when did you feel that we are pretty connected?

A.

☐　같은 음식을 좋아할 때

☐　웃음 코드가 같을 때

☐　말을 잘 알아들을 때

☐　눈빛만 봐도 알 수 있을 때

☐　기타 :

Date. 20　　.　　.

만약 당신의 가족이 세상에서 가장 얼빠지고 별난 문제 덩어리라고 생각한다면, 주(state) 박람회에 가보라. 5분만 있으면 '우리 가족은 괜찮아. 이에 비하면 거의 왕족 수준인데, 뭘'이라고 생각하게 될테니까.

제프 폭스워디 (Jeff Foxworthy)

078

□

지금의 저는 아빠가
바라던 대로 성장했나요?

Daddy,
did I grow up as you wished?

A.

□ Yes   □ No

■ 아빠가 바라던 저는 어떤 모습인가요?

Date. 20   .   .

우리는 받아서 삶을 꾸려 나가고 주면서 인생을 꾸며 나간다.
윈스턴 처칠 (Sir Winston Churchill)

079

□

아빠라는 호칭과
아버지라는 호칭 중 어떤 것이 더 좋아요?

Daddy, which do you prefer to be called,
'Daddy', or 'Father'?

A.

□ 아빠　　　□ 아버지

■ 이유는?

Date. 20　　　.　　　.

아버지가 되지 못하고 살고 있는 자는 한 사람의 인간이 되지 못한 채 죽는 것이다.
프랑스 속담 (French Proverb)

080

□

아빠 지금 저에게
당부하고 싶은 말씀 있으신가요?

Daddy,
do you have an advice for me now?

A.

Date. 20   .   .

자기 가족을 가르칠 수 없는 자는 남을 가르칠 수 없느니라.
공자 (Confucius)

081

□

다음생에도
저의 아빠가 되어주실거죠?

Daddy, will you always be
my daddy even if I was reborn?

A.

□   미안하다

Date. 20   .   .

가정은 행복을 저축하는 곳이지 행복을 캐내는 곳이 아니다.
얻기 위해 이루어진 가정은 반드시 무너지고 주기 위해 이루어진 가정은 행복하게 된다.
우치무라 간조 (內村鑑三)

082

□

아빠가 보시기에 제가
'이것만 고쳤으면 좋겠다' 하는 점은?

Daddy,
what do you want me to change the most?

A.

Date. 20　　.　　.

누군가의 인생에 근본적인 변화를 일으키는 것보다 더 큰 기쁨이나 보상은 없다.
매리 로즈 맥게디 (Sister Mary Rose McGeady)

083

□

저에게 돈을 쓰는 게
정말 아깝지 않으세요?

*Daddy, are you sure you are not ashamed
spending money for me?*

A.

□ Yes   □ No

'이건 좀 아까웠다' 하는 건?

아버지는 신이 주신 은행가이다.
프랑스 속담 (French Proverb)

084

□

요즘 저와
단둘이 해보고 싶은 것이 있나요?

*Daddy, is there anything you want to do
with me only these days?*

A.

□   여 행

□   취미생활

□   외 식

□   수 다

□   기 타 :

Date. 20   .   .

인간은 자신이 필요로 하는 것을 찾아 세계를 여행하고 집에 돌아와 그것을 발견한다.

조지 무어 (George Moore)

085

□

제 애인을
처음 봤을 때 아빠의 기분은?

Daddy, how did you (or would you) feel
when you first saw my lover?

A.

■ 무슨 말이 하고 싶었나요?

Date. 20   .   .

사랑이 없다면 결혼하지 말라.
다만, 당신이(과연) 사랑스런 것을 사랑하고 있는지(진정한 사랑인지) 살펴보라.
윌리엄 펜 (William Penn)

086

□

저의 첫 외박을
승낙했을 때 아빠의 기분은?

*Daddy, how did you feel
when I first slept over at friends?*

A.

Date. 20   .   .

내가 이해하는 모든 것은 내가 사랑하기 때문에 이해한다.
톨스토이 (Lev Tolstoy)

087

□

제가 아빠(엄마)와 꼭 닮은 남자(여자)랑 결혼한다면 아빠는 찬성 or 반대?

Daddy, how would you agree/disagree
if I marry someone like you or mommy?

A.

□ 찬성 □ 반대

▪ 이유는?

Date. 20 . .

행복한 결혼 생활에서 중요한 것은 서로 얼마나 잘 맞는가보다
다른 점을 어떻게 극복해나가는가이다.
톨스토이 (Lev Tolstoy)

088

□

아빠가 원하는
제 배우자의 모습은?

*Daddy, what kind of wife/husband
should I get?*

A.

Date. 20   .   .

사랑에 빠진 남자는 현명하고 더욱 현명해지며 사랑 받는 대상을 바라볼 때마다 새롭게 보게 되고,
그의 눈과 마음은 그 사랑의 대상이 지닌 미덕을 이끌어낸다.

랄프 왈도 에머슨 (Ralph Waldo Emerson)

089

□

제가 결혼할 때 기분이 어떨 것 같아요?
(제 결혼식 때 아빠는 어떤 기분이었나요?)

*Daddy, how did you (or would you) feel
when I get married?*

A.

Date. 20   .   .

반드시 결혼하라. 좋은 아내를 얻으면 행복할 것이다.
악처를 얻으면 철학자가 될 것이다.

소크라테스 (Socrates)

090

□

아빠는 제가 몇 번의 연애 후에
결혼하는 게 좋다고 생각하시나요?

*Daddy, how many people
should I date before my marriage?*

A.

□   1-3번   □   4-6번

□   6-9번   □   10번 이상

□   많으면 많을수록 좋다

■ 이유는?

Date. 20   .   .

우리 스스로를 자세히 들여다보면 완벽한 균형을 찾을 수 있다. 탄생과 삶, 그리고 죽음의 사이클을
두려워할 필요는 없다. 현실을 살고 있는 지금 이 순간, 당신은 영원이므로.

로드니 위 (Rodney Yee)

091

□

아빠는
손녀가 좋아요? 손자가 좋아요?

Daddy, would you like more
grandsons or granddaughters?

A.

　□　손녀　　　　　□　손자

　□　상관 없음　　　□　무자식이 상팔자다

※ 이유는?

Date. 20　　　.　　　.

내가 태어났을 때 나는 너무 놀라서 1년 반 동안 말을 할 수 없었다.
그레이시 앨런 (Gracie Allen)

092

□

다시 자녀를 낳아도
저이길 바라시나요?

*Daddy, do you wish to have me as a child,
even in another life?*

A.

□ Yes   □ No

■ 이유는?

인생에 있어서 최고의 행복은 우리가 사랑받고 있음을 확신하는 것이다.
빅터 위고 (Victor Hugo)

093

□

저에게만 주고 싶으신
아빠의 가장 소중한 것은 무엇인가요?

*Daddy, what is the most precious thing
that you want to give me?*

A.

Date. 20   .   .

젊음은 알지 못한 것을 탄식하고 나이는 하지 못한 것을 탄식한다.
앙리 에스티엔 (Henri Estienne)

094

□

아빠, 공부를
꼭 잘하지 않아도 되나요?

Daddy,
is study really important in life?

A.

□   공부가 인생의 전부가 아니다

□   그래도 공부는 잘 해야 한다

Date. 20   .   .

삶은 공평하지 않다. 다만 죽음보다는 공평할 뿐이다.
윌리엄 골드먼 (William Goldman)

095

□

아빠가 희망하는
제 미래는 어떤 모습인가요?

*Daddy, what is the future that you
wish me to have?*

A.

Date. 20 .   .

네 믿음은 네 생각이 된다. 네 생각은 네 말이 된다. 네 말은 네 행동이 된다.
네 행동은 네 습관이 된다. 네 습관은 네 가치가 된다. 네 가치는 네 운명이 된다.

마하트마 간디 (Mahatma Gandhi)

096

□

아빠가 지금의 저에게 권하는
'이것만은 꼭 해봐라.' 하는 것은 무엇인가요?

*Daddy, what is the thing you recommend me
that I 'must' do.*

A.

130

Date. 20 .   .

인생은 험난하다. 그러므로 당신에게 인생을 두고 웃을 수 있는 능력이 있다면
당신은 인생을 즐길 능력이 있는 것이다.

셀마 헤이엑 (Salma Hayek)

아빠가 저에게 꼭
말해 주고 싶은 삶의 명언은 무엇인가요?

Daddy, do you have any word of wise
that you want to tell me?

A.

Date. 20   .   .

이 세상에서 가장 이해할 수 없는 말은 이 세상을 이해할 수 있다는 말이다.
알버트 아인슈타인 (Albert Einstein)

098

□

아빠는
엄마가 좋아요? 제가 좋아요?

Daddy, who do you like more,
mommy or me?

A.

□ 엄마　　　□ 나　　　□ 둘다 좋다

▪ 이유는?

Date. 20 　．　．

099

□

아빠는 저를
얼만큼 사랑하나요?

Daddy,
how much do you Love me?

A.

아무리 애쓰거나, 어디를 방랑하든, 우리의 피로한 희망은 평온을 찾아 가정으로 되돌아온다.
올리버 골드스미스 (Oliver Goldsmith)

100

□

아빠!
제가 아빠 사랑하는 거 알아요?

Daddy,
do you know that I Love you?

A.

Date. 20   .   .

아이를 길러 보아야 실로 아버지의 사랑을 안다.
왕양명

박명숙 55세/여 갤러리 대표

아버지는 아버지로 태어나는 것이 아니다. 아버지가 되어가는 것이다. 여섯이나 되는 자녀를 낳아 무조건 사랑해 주었지만, 아버지로 되어가는 것이 싫었을지도 모른다. 철없고 밝은 소년의 마음과 청년의 낭만을 간직한 채… 굳세고 무거운 아버지로의 변신에 힘이 들고 외로웠을 것이다. 아버지…. 힘드셨죠? 아버지 덕분에 우린 이렇게 강하고 드세졌답니다. 그리고 이제야 알게 되었습니다. 우리들 모습 속에 아버지가 있다는 것을. 영원한 아버지의 취향과 입맛 그리고 낭만들… 많은 것들을 물려주셔서 감사합니다.

이두양 42세/남 성형외과 전문의

내가 태어나던 날 새벽, 엄마의 진통이 시작되고 외삼촌이 병원으로 엄마를 업고 뛰었다. 엄마는 순산하였고 "아들입니다~" 라는 의사 선생님의 말씀에 입이 귀에 걸릴 만큼 기뻐하셨다는 아버지… 수고했다며 외삼촌에게 두둑한 용돈과 함께 담배 한 개비를 건넸다. 그때 외삼촌은 처음으로 아버지와 맞담배를 폈다는 기억을 종종 얘기하신다. 아들이라고 무척 좋아하셨다는 아버지, 좋아하신 만큼 아들로서 해드린 게 별로 없는 것 같다. 이제 내가 아들을 낳아 키워보니 아버지가 나에 대해 생각한 마음이 조금이나마 이해가 된다.

아버지에 대해 이야기하다

Daddy's Day.

06

아빠의
아버지

Daddy's Daddy

Scrap. 06

할아버지와 할머니, 아빠가
다함께 찍은 사진을 붙여주세요.

*Paste a picture of grandpa, grandma,
and the family of Daddy.*

Date.　　　.　　　.

101

□

'할아버지' 하면
떠오르는 것은 무엇인가요?

*Daddy, what do you remember about 'grandfather',
your father?*

A.

자상함, 엄격함, 그리움,

어린 시절, 죄송한 일, 자랑스러운 일,

애틋함, 푸근함, 뭉클함, 무서움,

쓸쓸함, 섭섭함, 즐거움, 다정함, 감사함,

후회되는 일, 아련함, 고생스러움,

안타까움, 고독함, 유쾌함

Date. 20 . .

열 자식이 한 아버지를 봉양하는 것보다 한 아버지가 열 자식을 키우기가 쉽다.
미국 속담 (American Proverb)

102

□

할아버지의
장점과 단점은 무엇인가요?

*Daddy, what are pros/cons
of grandpa?*

A.

■ 장점 :

■ 단점 :

Date. 20   .   .

태어나면서부터 현명한 이는 없다.
미겔 데 세르반테스 (Miguel de Cervantes)

103

□

할아버지와 가장
즐거웠던 추억은 무엇인가요?

*Daddy, what is the happiest memory
with grandpa?*

A.

Date. 20 . .

가정이란 어떠한 형태의 것이든 인생의 커다란 목표이다.
J. G. 홀랜드 (J. G. Holland)

104

□

할아버지와
아빠의 닮은 점은 무엇인가요?

*Daddy, how are you similar
with grandpa?*

A.

□   외모

□   성격

□   습관

□   취향

□   기타 :

Date. 20   .   .

모든 아버지는 의식주를 위해 일한다.
영국 속담 (Britain Proverb)

105

□

할아버지께
제일 크게 혼난 일은 무엇인가요?

*Daddy, when was the time you were most
grounded by grandpa?*

A.

Date. 20 . .

아버지의 충고만한 것이 없다.
서양 속담 (Western Proverb)

106

□

아빠가 개인적으로
할아버지에게 느꼈던 감정은 무엇인가요?

*Daddy, what are your feelings
for grandpa?*

A.

144

아버지가 아버지답지 않더라도 자식은 자식다워야 한다.

영국 속담 (Britain Proverb)

107

□

부모님께 드린 선물 중에
가장 기억에 남는 선물은 무엇인가요?

Daddy, what was your best present
for grandpa and grandma?

A.

Date. 20   .   .

선의 최상은 효도보다 큰 것이 없고 악의 최상은 불효보다 큰 것이 없다.

서양 속담 (Western Proverb)

108

□

아빠는 할아버지와 할머니
두 분 중에 누가 더 좋았었나요?

Daddy, who did you like more,
grandma or grandpa?

A.

□ 할아버지   □ 할머니

■ 이유는?

Date. 20   .   .

가족을 빼고는 쓸 만한 소재를 생각할 수 없다. 가족은 다른 모든 사회 영역의 상징이다.
안나 퀸드랜 (Anna Quindlen)

109

□

할아버지와 함께 해보고 싶었지만 못 해보았던 것은 무엇이 있나요?

Daddy, what was the thing that you wished to do with grandpa but you could not?

A.

Date. 20 . . .

작은 변화가 일어날 때 진정한 삶을 살게 된다.

톨스토이 (Lev Tolstoy)

110

□

부모님이 안 계셔서
힘들었던 때는 언제인가요?

*Daddy, when did you feel most lonely because
grandma and grandpa wasn't there for you?*

A.

Date. 20   .   .

아버지가 되기는 쉽다. 그러나 아버지답기는 어려운 일이다.

세링그레스 (Schering Sagres)

111

□

할아버지 할머니의 MBTI는
무엇일 것 같아요?

Daddy,
what is your parents' MBTI?

A.

□   외향형(E) / 내향형(I)

□   감각형(S) / 직관형(N)

□   사고형(T) / 감정형(F)

□   판단형(J) / 인식형(P)

Date. 20   .   .

아빠가 돌아가신다는 건 슬픈일이야. 내 안의 한사람도 함께 죽거든.

파멜라 라이번 (Pamela Ribon)

112

□

할아버지 제사 때
아빠는 어떤 생각을 하시나요?

Daddy, how do you feel on
grandpa's memorial day?

A.

Date. 20 . .

사람들이여, 마음을 열어 꿈을 꾸라. 저 멀리 보이는 해안가를 향해 나아가라.
죽음을 향해 가는 우리의 여행은 너무도 빨리 끝나고 말테니.

데이비드 아셀 (David Assael)

113

□

아빠는 할아버지가
여전히 보고 싶은가요?

Daddy,
do you still miss grandpa?

A.

□   Yes   □   No

■   이유는?

Date. 20   .   .

죽는다고 해서 삶의 즐거움이 그치는 게 아니고, 웃는다고 해서 삶의 진지함이 사라지는 것도 아니다.

조지 버나드 쇼 (George Bernard Shaw)

114

□

할아버지께 전하지
못한 말이 있다면 무엇인가요?

Daddy, what are the words
that you want to say to grandpa?

A.

Date. 20   .   .

부친을 존중하고 그에 순종하는 것은, 부친은 가족을 위해 식량을 구하고 의복을 주기 때문이다.

서양 속담 (Western Proverb)

박미리내 19세/여 고등학생

우리 아빠는 나의 멘토다. 내가 힘들고, 지쳐 있을때 항상 내 옆에서 날 지켜봐 주시고, 엄마께서 돌아가신 후부터는 더욱더 많이 챙겨주시고… 아빠도 힘이 드셨을텐데 항상 우리 걱정부터 하시고… 정작 아빠 건강은 생각 안 하시고… 살아가면서 아빠를 보며 많이 배우고 많이 깨닫는다. 다음에 나도 우리 아빠처럼 강해지고 행복하게 살아야지. 아픔이 많으시고 슬픔도 있는 가슴을 내가 앞으로 하나하나 기쁨과 행복으로 채워드리고 싶다. 많이 사랑하고 미안하고 생각만 해도 눈에 눈물이 고이는… 외로워 보이실 때도 많고 내가 지켜주지 못해서 미안한 우리 아빠… 하지만 인생의 아픔들을 잊고 밝은 모습으로 살아가시는 것이 너무나 좋고 존경스러운 우리 아빠는 나의 멘토다.

이민지 18세/여 고등학생

아빠를 떠올리면 미안한 감정과 감사한 감정이 묘하게 섞인다. 아빠가 나에게 투자를 많이 해서 정작 아빠 스스로 투자를 못 하시는 것을 보면 너무 죄송하다. 가끔 "내가 아빠의 기대에 못 미치면 어떡하지…" 라는 생각이 들어서 힘이 들어도 다시 펜을 잡고 책을 펼치게 된다. 불과 1~2년 전만 해도 아빠가 슈퍼맨처럼 보였었는데… 요즘 들어 믿기 싫지만, 아빠가 점점 나이를 들어가시는 게 보인다. 어렸을 때는 아빠와 등산도 자주다니고 많은 이야기도 나눴었는데… 다시 아빠와 함께 등산을 가고 싶다.

아버지에 대해 이야기하다

Daddy's Day.

07

가장이라는
이름으로

Daddy, the Chief of Family

Scrap. 07

아빠가 힘들 때, 위로가 되어주는 사람이나
물건이 있다면 그것에 관한 사진을 붙여주세요.

*Paste a picture which gave strengths to Daddy
when he had hard times.*

Date.　　　　.　　　.

115

□

매일 출근할 때
혹은 아침에 무슨 생각을 하시나요?

Daddy, what do think of every morning
when you go to work?

A.

피곤하다, 지루하다,

당당하다, 졸리다, 활기차다, 고단하다,

부담스럽다, 쉬고싶다, 기분 좋다, 뿌듯하다,

지겹다, 살 맛 난다, 행복하다, 근심스럽다,

만족스럽다, 허무하다, 권태롭다, 짜증난다,

업무생각, 즐겁다, 담담하다,

흥분된다

Date. 20   .   .

아버지는 나에게 일을 하라고 가르치셨지만, 그 일을 사랑하라고 가르치지는 않았다.
에이브러햄 링컨 (Abraham Lincoln)

116

□

아빠의 이름으로
삼행시를 적어주세요.

Daddy,
write me a poem using your name.

A.

Date. 20   .   .

> 여기(인생, 세상)에 규칙이란 없다. 우리는 무언가 이루려 노력하고 있을 뿐이다.
> 토마스 A. 에디슨 (Thomas A. Edison)

117

□

아빠가
퇴근 길에 하는 생각은 무엇인가요?

Daddy,
when you get out of work?

A.

Date. 20   .   .

결코 후회하지 말 것, 뒤돌아보지 말 것을 인생의 규칙으로 삼아라. 후회는 쓸데없는
기운의 낭비이다. 후회로는 아무것도 이룰 수 없다. 단지 정체만 있을 뿐이다.

캐서린 맨스필드 (Katherine Mansfield)

118

□

아빠는 요즘 회사에서
어떤 이야기를 하며 지내나요?

Daddy,
what do you talk about at work?

A.

Date. 20   .   .

인생에서 인간이 가질 수 있는 모든 것은 가족과 친구라는 것을 알게 되었다. 이들을 잃게 되면
당신에겐 아무것도 남지 않는다. 따라서 친구를 세상 그 어떤 것보다 더 소중하게 여겨야 한다.

트레이 파커 (Trey Parker)

119

□

직장생활(또는 사회생활)을 하며
가장 힘든 일은 무엇인가요?

Daddy,
what are the toughest things at work?

A.

Date. 20   .   .

당신은 살아 있다. 행동하라. 인생의 과제와 윤리적 책임은 그리 복잡하지 않았다.
완전한 문장이 아닌 몇 단어로도 표현할 수 있었다. '보아라. 들어라. 선택하라. 행동하라.'처럼.

바바라 홀 (Barbara Hall)

120

□

직장생활 하면서 그만두고 싶었을 때는 언제인가요? 그리고 어떻게 이겨냈나요?

Daddy, when did you feel like quitting and how did you overcome with it?

A.

Date. 20 . .

이 사악한 세상에서 영원한 것은 없다. 우리가 겪는 어려움조차도.

찰리 채플린 (Charlie Chaplin)

121

□

아빠는 가족을 위해 포기하신 것이 있나요?

Daddy, is there anything that you gave up for family?

A.

Date. 20   .   .

성공의 커다란 비결은 결코 지치지 않는 인간으로 인생을 살아가는 것이다.

알버트 슈바이처 (Albert Schweitzer)

Question

122

□

아빠를 괴롭히는 상사 또는
힘들게 하는 직원이 있나요?

*Daddy, is there someone that
bothers you at work?*

A.

- 누구에요?

- 대체 무엇 때문에 아빠를 괴롭히나요?

Date. 20 .

이 세상에 위대한 사람은 없다. 단지 평범한 사람들이 일어나 맞서는 위대한 도전이 있을 뿐이다.
윌리엄 프레데릭 홀시 (William Frederick Halsey, Jr.)

123

□

아빠,
식사는 제대로 하고 다니시나요?

*Daddy,
how's lunch at work?*

A.

Date. 20   .   .

먹고 싶은 것을 다 먹는 것은 그렇게 재미있지 않다. 인생을 경계선 없이 살면 기쁨이 덜하다.
먹고 싶은 대로 다 먹을 수 있다면 먹고 싶은 것을 먹는 데 무슨 재미가 있겠나?
톰 행크스 (Tom Hanks)

124

□

아빠,
돈 버는 거 힘들지 않으세요?

Daddy,
is it tough to make money?

A.

Date. 20 .   .

인생을 돈벌이에만 집중하는 것은 야망의 빈곤을 보여주는 것이다. 네 스스로에게 너무 적은 것을
요구하는 것이다. 야망을 가지고 더 큰 뜻을 이루고자 할 때에야 비로소 진정한 자신의 잠재력을
실현할 수 있기 때문이다. - 버락 오바마 (Barack Obama)

125

□

아빠도
사기 당한 적이 있나요?

Daddy,
have you defrauded by someone?

A.

□ 생각하고 싶지 않단다.

'67

실수는 발전으로 가는 관문이다.
제임스 조이스 (James Joyce)

126

□

아빠는 하루에 어느 정도의 돈이 있으면 충분하다고 생각하세요?

Daddy, how much money is enough for a day to become happy?

A.

■ (　　　　　　) 원

■ 이유는?

Date. 20　　　．　　　．

돈. 세상에서 돈보다 더 사람의 사기를 꺾는 것은 없다.

소포클레스 (Sophocles)

127

□

출근하기
정말 싫을 때는 언제인가요?

Daddy, when do you really don't want to go to work?

A.

□ 아침에 눈이 안 떠질 때

□ 매주 월요일

□ 출근길 막힐 때

□ 상사가 힘들게 할 때

□ 승진에서 밀렸을 때

□ 항상

□ 기타 :

Date. 20   .   .

내 자신에 대한 자신감을 잃으면, 온 세상이 나의 적이 된다.
랄프 왈도 에머슨 (Ralph Waldo Emerson)

128

□

아빠는
현재 직업에 만족하세요?

Daddy,
how satisfied are you at work?

A.

□   매우 불만족

□   불만족

□   그저 그렇다

□   만족

□   매우 만족

Date. 20   .   .

세상의 중요한 업적 중 대부분은, 희망이 보이지 않는 상황에서도
끊임없이 도전한 사람들이 이룬 것이다.
데일 카네기 (Dale Carnegie)

129

□

현재의 직업 말고
해보고 싶은 다른 직업이 있나요?

*Daddy, do you have a job you want to get other
than the one right now?*

A.

□ Yes   □ No

▪ 어떤 직업을 해보고 싶으신가요?

Date. 20   .   .

기회가 찾아오는 정확한 때와 장소를 알아보고 그 기회를 잡을 수 있어야 한다.
세상에 기회는 많다. 그저 손 놓고 앉아 있을 수는 없다.

엘렌 멧칼프 (Ellen Metcalf)

130

□

아빠는
언제까지 일하고 싶으세요?

Daddy,
until when do you want to work?

A.

Date. 20   .   .

불가능이 무엇인가는 말하기 어렵다. 어제의 꿈은 오늘의 희망이며 내일의 현실이기 때문이다.
로버트 고다드 (Robert H. Goddard)

131

□

아빠로서 가장
아쉽고 후회되는 일은 무엇인가요?

Daddy,
what do you regret the most?

A.

Date. 20   .   .

실수하며 보낸 인생은 아무 것도 하지 않고 보낸 인생보다
훨씬 존경스러울 뿐 아니라 훨씬 더 유용하다.
조지 버나드 쇼 (George Bernard Shaw)

132

□

가장으로서
일상이 버겁다 느낀 적이 있나요?

Daddy, sometimes do you feel tough being daddy?

A.

□   생활/교육비 문제

□   자녀들이 말 안 들을 때

□   엄마가 잔소리할 때

□   직장상사가 압박할 때

□   기 타 :

Date. 20   .   .

이 세상에 기쁜 일만 있다면 용기도 인내도 배울 수 없을 것이다.
헬렌 켈러 (Helen Keller)

133

□

가장으로서
아빠의 행복은 어디서 오나요?

Daddy,
what is your happiness as daddy?

A.

Date. 20   .   .

심호흡을 한 뒤 신발을 벗어 던져버린 채 춤을 출 수 있는 기회는 날마다 온다.

오프라 윈프리 (Oprah Winfrey)

134

□

인생 선배로서
꼭 알아두면 좋을 조언을 해 주세요!

*Daddy, give me a word of wisdom
as a senior of life!*

A.

176

Date. 20   .   .

인생은 가까이서 보면 비극이지만 멀리서 보면 희극이다.
찰리 채플린 (Charlie Chaplin)

김동현 24세/남 대학생

아빠를 생각하면 빙판이 떠오릅니다. 빙판은 사람이 딛고 올라서도 될
정도로 단단하지만, 그 안에는 물고기가 살아 숨 쉬고 있습니다. 아빠는
세상으로부터 가족을 지켜주는 단단한 보호막 같습니다. 또 한편으로,
빙판에 작은 금이 가면 전체가 다 깨져버립니다. 그런 것처럼, 아빠는 강
해 보이지만 상처받을 수 있고, 작은 상처로도 마음이 무너질 수 있는 나
와 같은 보통 사람입니다.

양수인 38세/남 건축가

내가 아주 어렸을 때, 같은 동에 아버지가 중동에 일하러 간 남매가 살고
있었다. 그 집 아줌마는 짧은 뽀글파마를 하고 있었는데, 그 동네에 살았
던 3년간, 그 집 아저씨는 한 번도 본 적이 없었다. 남매에게는 그때 당시
한국에서는 구할 수 없는 레고가 있었는데, 아저씨가 중동에서 휴가를
오는 길에 사다 주셨나 보다 생각했었다. 그런데 요즘 나는, 한 번도 만
나본 적 없는 그 남매의 아버지가 자꾸 생각난다. 영상 통화는 물론이고
이메일도 없던 시절, 그 아저씨의 마음은 어땠을까? 자녀들이 얼마나 보
고 싶었을까... 아빠가 되는 것은 30년간 잊고 있었던, 한번 만나본 적도
없는 어떤 아저씨, 그 역시 아빠였던 어떤 아저씨의 마음을 이해하게 되
는 것인가 보다. 세상을 보는 마음은 이렇게 넓어지나 보다. 아빠가 되는
것은 그렇게 새로운 세상을 보게 해주는가 보다. 나의 아버지께서 보셨
던 그 세상을 이제 나도 본다.

아버지에 대해 이야기하다

Daddy's Day.

08

내가 알고싶은
아빠의 생각

Daddy, what are you thinking?

Scrap. 08

아빠의 보물 1호 사진을 붙여주세요.
Paste a picture of Daddy's most precious thing in the world.

Date.　　　.　　　.

135

□

아빠는
지금 무슨 생각을 하나요?

*Daddy, what are you thinking of
right now?*

A.

돈 걱정,   노후 생각,

자식 걱정,   부모님 생각,   자식들 결혼문제,

집 걱정,   업무 생각,   낚시 생각,   아내 생각,

골프 여행 생각,   퇴직 생각,   자동차 생각,

우울한 생각,   행복한 생각,   후회되는 일들,

희망찬 생각,   건강문제

Date. 20   .   .

오늘을 살고, 과거를 잊으라.
그리스 속담 (Greek Proverb)

136

□

인생을 살아오면서
가장 행복했던 시간은?

*Daddy, when was the happiest moment
in your life?*

A.

□ 엄마 뱃속 □ 40대

□ 유년시절 □ 50대

□ 10대 □ 결혼 전

□ 20대 □ 현재

□ 30대

■ 이유는?

Date. 20 . .

137

□

아빠가
생각하는 '사랑'이란?

*Daddy, what do you think the definition of
Love is?*

A.

Date. 20   .   .

사랑이란 서로 마주보는 것이 아니라 둘이서 똑같은 방향을 내다보는 것이라고
인생은 우리에게 가르쳐 주었다.

생텍쥐페리 (Saint Exupery)

138

□

아빠는
현재의 삶에 만족하나요?

Daddy,
are you happy with your Life?

A.

□ Yes   □ No

■ 만족도는? (   ) 점 / 10

Date. 20   .   .

우리의 문제는 인간이 만든 문제이므로, 인간에 의해서 해결될 수 있습니다. 그리고 인간은
원하는 만큼 꿈을 펼칠 수 있습니다. 인간이 벗어나지 못할 운명의 굴레는 없습니다.

존 F. 케네디 (John F. Kennedy)

아빠 최고의 전성기와
침체기는 언제라고 생각하나요?

*Daddy, when was your best and worst
days of your life?*

A.　　　　　■ 그래프를 그려주세요

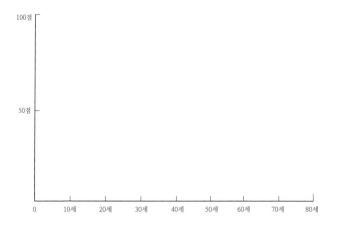

Date. 20 　　.　　.

인간은 인생의 방향을 결정할 규칙을 가지고 있어야 한다.

존 웨인 (John Wayne)

140

□

아빠,
요즘 걱정 있으세요?

*Daddy, do you have any worries
these days?*

A.

Date. 20   .   .

제가 강조하고 싶은 것은 미소 짓는 것이 어려울 때일수록 서로에게 미소로 대해야 한다는 것입니다.
서로에게 미소를 베풀고 여러분의 가족을 위한 시간을 할애해야 합니다.

마더 테레사 (Mother Teresa)

141

□

아빠가 가장 두렵고 무서웠던 순간은 언제였고 어떻게 해결하셨나요?

Daddy, when was the moment that you were most afraid of? How did you overcome?

A.

Date. 20   .   .

현재뿐 아니라 미래까지 걱정한다면 인생은 살 가치가 없을 것이다.

윌리엄 서머셋 (William Somerset Maugham)

142

□

아빠는 가족들
몰래 울어본 적이 있나요?

Daddy,
have you ever cried secretly?

A.

□ Yes □ No

■ 언제인가요?

Date. 20 . .

인생은 눈물을 흘리면서 껍질을 벗기는 양파와 같다.

서양 속담 (Western Proverb)

143

□

아빠는 언제
외롭다고 느끼시나요?

Daddy,
when do you feel lonely?

A.

□ 항상

□ 출퇴근길

□ 혼자 TV 볼 때

□ 집에 왔는데 아무도 없을 때

□ 이야기할 사람이 아무도 없을 때

□ 기 타 :

Date. 20 . .

인생이 끝날까 두려워하지 마라. 당신의 인생이 시작조차 하지 않을 수 있음을 두려워하라.
그레이스 한센 (Grace Hansen)

144

□

힘들고 지칠 때
무엇으로 마음의 위로를 얻나요?

*Daddy, when you have a hard time
what helps to comfort you?*

A.

□   휴식

□   가족과의 시간

□   취미/여가 생활

□   술 한 잔

□   동료(친구)들과의 대화

□   기 타 :

Date. 20   .   .

우리에게는 존재하지 않는 것들을 꿈꿀 수 있는 사람들이 필요하다.

존 F. 케네디 (John F. Kennedy)

145

□

아빠는 10년 전보다
지금이 더 바쁘신가요?

*Daddy, are you living busier life
than ten years ago?*

A.

□　Yes　　　□　No

■　이유는?

Date. 20　　　.　　　.

인간의 삶 전체는 단지 한순간에 불과하다. 인생을 즐기자.
플루타르코스 (Plutarch)

146

□

아빠도 '이럴 때는 여자로 태어나고 싶다'고 생각하게 한 경험이 있나요?

Daddy, did you ever experience a moment when you wish you were a woman?

A.

□ Yes   □ No

■ 언제인가요?

Date. 20 . .

다른 사람의 생각에 인생을 맞춰가는 것은 노예나 다름없다.
라와나 블랙웰 (Lawana Blackwell)

147

□

아빠는
자기 전에 무슨 생각을 하나요?

*Daddy, what do you think of before
going to bed?*

A.

Date. 20   .   .

오늘을 붙잡아라. 철저하게 즐겨라. 다가오는 오늘을. 찾아오는 사람들을... 나는 과거가 있기에
현재에 감사할 수 있다고 생각한다. 공연히 미래를 걱정해서 현재를 조금이라도 망치고 싶진 않다.

오드리 햅번 (Audry Hepburn)

□

아빠의
요즘 하루하루는 어떤가요?

Daddy,
how is your life these days?

A.

□ 피곤함	□ 지겨움
□ 즐거움	□ 설레임
□ 뿌듯함	□ 안정적
□ 만족함	□ 여유로움
□ 권태로움	□ 기타 :

Date. 20   .   .

미래의 가장 좋은 점은 한번에 하루씩 온다는 것이다.
에이브러햄 링컨 (Abraham Lincoln)

149

□

아빠가 요즘
가장 보람을 느끼는 일은 무엇인가요?

*Daddy, what gives you the most
satisfaction in a day?*

A.

▨ 운 동 :

▨ 책 :

▨ 음 악 :

▨ 계 절 :

▨ 음 식 :

▨ 기 타 :

Date. 20 . .

여러분이 보다 보람찬 인생을 살려면 생각하는 방식을 바꿔야 합니다.
오프라 윈프리 (Oprah Winfrey)

150

□

아빠!
받고 싶은 생일선물 있어요?

Daddy,
what do you want from me as a gift?

A.

Date. 20 　.　　.

행복한 가정은 미리 누리는 천국이다.
R. 브라우닝 (R. Browning)

151

□

아빠의
취미생활이 궁금해요!

Daddy,
what are your hobbies?

A.

□ 운 동

□ 음 악

□ TV / 영화

□ 낚 시

□ 게 임

□ 기 타 :

Date. 20   .   .

그대는 인생을 사랑하는가? 그렇다면 시간을 낭비하지 말라.
시간이야말로 인생을 형성하는 재료이기 때문이다.
벤자민 프랭클린 (Benjamin Franklin)

Question

152

□

아빠가 주말에
하고 싶은 것은 무엇인가요?

*Daddy, what would you like to do
this weekend?*

A.

□　TV 시청 및 휴식

□　여 행

□　취미/여가생활

□　가족나들이

□　일

□　기 타 :

Date. 20　　·　　·

늘 행복하고 지혜로운 사람이 되려면 자주 변해야 한다.
공자 (Confucius)

153

□

아빠가
좋아하는 것은?

Daddy,
what is your favorite?

A.

■ 운 동 :

■ 책 :

■ 음 악 :

■ 계 절 :

■ 음 식 :

■ 기 타 :

Date. 20   .   .

나는 운명처럼 웃음과 약혼했다. 웃음소리는 언제나 세상에서 가장 세련된 음악으로 들린다.

피터 유스티노프 (Peter Ustinov)

154

□

아빠가 배우거나
공부해 보고 싶은 분야는?

Daddy,
what do you wish to study or learn?

A.

▪ 이유는?

젊었을 때 배움을 게을리 한 사람은 과거를 상실하며 미래도 없다.

에우리피데스 (Euripides)

155

□

아빠에게 한달의 자유시간이 주어진다면 무엇을 하실 건가요?

Daddy, what do you wish to do if you have one month of free time?

A.

인생의 절반은 우리가 서둘러 아끼려던 시간과 관계된 무엇인가를 찾는 데 쓰인다.

월 로저스 (Will Rogers)

156

□

만약 로또에
당첨된다면 무엇을 하실 건가요?

*Daddy, what would you do if you
won the lottery?*

A.

■ 아빠는 먼저 (   )에게 알리고,

    (   )을(를) 하고 싶단다.

    □ 저축　　　　　　□ 퇴직

    □ 투자　　　　　　□ 여행

    □ 쇼핑　　　　　　□ 기타 :

Date. 20　　.　　.

만약 당신의 아들딸에게 단 하나의 재능만을 줄 수 있다면 열정을 주어라.
브루스 바튼 (Bruce Barton)

157

□

아빠가 생각하는
아빠의 장점 3가지는?

Daddy, what do you think your three pros are?

A.

■ 첫 번째 :

■ 두 번째 :

■ 세 번째 :

Date. 20   .   .

일과를 마친 후 만족스러웠던 날을 생각해보라. 그날은 아무 할 일이 없어 빈둥거렸던
날이 아니라, 할 일이 태산 같아도 그 일들을 모두 해낼 날일 것이다.
마가렛 대처 (Margaret Thatcher)

158

□

아빠가 생각하는
아빠의 단점 3가지는?

Daddy, what do you think your
three cons are?

A.

■ 첫 번째 :

■ 두 번째 :

■ 세 번째 :

Date. 20   .   .

반성하지 않는 삶은 살 가치가 없다.
소크라테스 (Socrates)

□

아빠가 다시 태어난다면
어떤 직업을 갖고 싶은가요?

*Daddy, which job do you want to have
if you were born again?*

A.

Date. 20   .   .

우리는 삶의 모든 측면에서 항상 "내가 가치 있는 사람일까?", "내가 무슨 가치가 있을까?"라는
질문을 끊임없이 던지곤 합니다. 하지만 저는 우리가 날 때부터 가치 있다 생각합니다.

오프라 윈프리 (Oprah Winfrey)

160

□

아빠 자신의
외모에 대한 만족도는?

*Daddy,
how satisfied are you with your looks?*

A.

0	10	20	30	40	50	60	70	80	90	100

Date. 20   .   .

만약 우리가 어떻게 느꼈는지 남들에게 항상 말한다면 얼마나 끔찍할지 상상할 수 있어?
인생은 견딜 수 없을 만큼 견딜 만할 거야.
랜디 K. 밀홀랜드 (Randy K. Milholland)

아빠가 원하는
이상적인 가정의 모습은 어떤 건가요?

Daddy,
how is your ideal family look like?

A.

Date. 20   .   .

지나치게 도덕적인 사람이 되지 마라. 인생을 즐길 수 없게 된다. 도덕 그 이상을 목표로 하라.
단순한 선함이 아니라 목적 있는 선함을 가져라.

헨리 데이비드 소로우 (Henry David Thoreau)

162

□

아빠는 성공과
실패에 대해서 어떻게 생각하나요?

*Daddy, what do you think about
success and failure?*

A.

Date. 20   .   .

많은 인생의 실패자들은 포기할 때 자신이 성공에서 얼마나 가까이 있었는지 모른다.
토마스 A. 에디슨 (Thomas A. Edison)

163

□

살아보니 역시
돈이다 or 경험이다.

Daddy, what is more important,
money or experience?

A.

□ 돈   □ 경험

▪ 이유는?

정직하고 용기 있게 인생을 살면 경험을 통해 성장할 수 있다. 바로 이것이 인격을 쌓는 방법이다.

엘리노어 루즈벨트 (Eleanor Roosevelt)

164

□

아빠가 무인도에 간다면
꼭 가지고 가고 싶은 물건은?

Daddy, what do you want to take
if you are going to a desert island?

A.

■ 1.

■ 2.

■ 3.

■ 4.

■ 5.

Date. 20   .   .

우리는 매력적이고, 참신하고, 자발적으로 태어나며 사회에
참여할 수 있을 때까지 교양을 갖추어야 한다.
주디스 마틴 (Judith Martin)

165

□

아빠가
원하는 하루 스케줄은?

Daddy,
how do you want your daily schedule to be?

A.

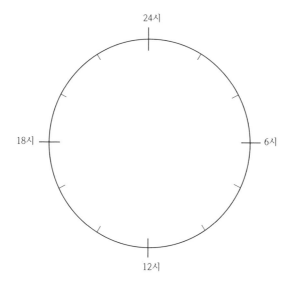

Date. 20 . .

텔레비전은 현실이 아니다. 현실에서는 커피를 마셨으면 일을 시작해야 한다.
빌 게이츠 (Bill Gates)

166

□

아빠만의 레시피 음식이 있나요?
노하우를 알려주세요

Daddy,
what is your secret recipe?

A.

Date. 20   .   .

167

□

아빠의
MBTI는 무엇인가요?

Daddy,
what is your MBTI?

A.

□   외향형(E) / 내향형(I)

□   감각형(S) / 직관형(N)

□   사고형(T) / 감정형(F)

□   판단형(J) / 인식형(P)

Date. 20   .   .

당신 자신의 회복을 인생 최우선으로 삼으라.
로빈 노우드 (Robin Norwood)

168

□

아빠가 제일 감동깊게 봤던 영화는 무엇인가요?

Daddy,
what is your favorite movie?

A.

214

Date. 20 .   .

우리는 나이가 들면서 변하는 게 아니다. 보다 자기다워지는 것이다.

린 홀 (Lynn Hall)

169

□

만약 타임머신이 있다면
언제로 돌아가고 싶나요?

Daddy, if there was a time-machine,
when do you want to go back to?

A.

Date. 20   .   .

출생과 죽음은 피할 수 없으므로 그 사이를 즐겨라.

조지 산타야나 (George Santayana)

170

□

아빠 스스로가 생각하는
아빠의 인생은 몇 점인가요?

*Daddy, what score would you want to
give your life?*

A.

■　(　　　　　)점 / 100

■ 이유는?

Date. 20　　·　　·

이 세상에서 내가 인정하는 유일한 독재자는 내 안의 작은 목소리뿐이다.
마하트마 간디 (Mahatma Gandhi)

171

□

아빠는 다시 태어난다면 지금과 같은 삶을 살고 싶으신가요?

Daddy, if you were born again, would you choose to be yourself and your life as it is right now?

A.

□ Yes   □ No

▥ 이유는?

Date. 20 . .

무릅써라! 그 어떤 위험도 무릅써라! 다른 이들의 말, 그들의 목소리에 더 이상 신경 쓰지 마라.
세상에서 가장 어려운 것에 도전하라. 스스로 행동하라. 진실을 대면하라.

캐서린 맨스필드 (Katherine Mansfield)

172

□

가장으로서의
아버지 역할이 어떤 것이라고 생각하나요?

*Daddy, what do you
think the role of a 'Father' is?*

A.

Date. 20 . .

매를 아끼는 것은 자식을 사랑하지 않는 것이다. 자식을 사랑하는 사람은 훈계를 게을리하지 않는다.

미국 속담 (American Proverb)

□

매일 아침 일어나면서
무슨 생각하세요?

Daddy, what comes to your mind
every morning when you wake up?

A.

Date. 20 .   .

인내할 수 있는 사람은 그가 바라는 것은 무엇이든지 손에 넣을 수 있다.

벤자민 프랭클린 (Benjamin Franklin)

174

□

아빠에게
가족이란?

Daddy,
what does 'Family' means to you?

A.

Date. 20   .   .

그 무엇보다 되돌려놓고, 새롭게 하고, 회복시키고, 구제해야 할 것 같은 사람이다.
그 누구도 함부로 외면하지 말아야 한다.

오드리 햅번 (Audry Hepburn)

175

□

그동안 가족들에게
한번도 하지 못한 말이 있다면?

Daddy, is there anything
that you couldn't tell to family?

A.

Date. 20 . .

허물이 있다면, 버리기를 두려워 말라.

공자 (Confucius)

176

□

아빠,
지금 행복하세요?

*Daddy,
are you happy right now?*

A.

Date. 20   .   .

내가 이미 수천 번도 넘게 말했지만 나는 이 자리에서 한 번 더 말하고 싶다.
세상에서 부모가 되는 일보다 더 중요한 직업은 없다.
오프라 윈프리 (Oprah Winfrey)

삶의 정답, **존재감**, 가장 큰 존재, 울고 싶어도 울지 못하는 슬픈 사람, 소중함, 나무, 너무나 그리운, **버팀목,** 세상을 가르쳐주신 분, 전부, 맥가이버, 바다같은 사랑, 위대한 사람, 울타리, 바쁜사람, 신비한 존재, 시험 문제, 교과서, 뭐든지 잘하는, 존경 대상, 그림자, **나의 판박이**, 늘 감사하면서도 죄송한 존재, 머나먼 존재, **슈퍼맨**, 아침일찍 일어나는, 모범적인, 선생님, 나에 대해 제일 잘 아는, 느티나무, 에너지, 함께 놀이동산 가고 싶은, **인생선배**, 외로움, 길잡이, 너무나도 그리운, 내편, 자존심, 내가 사랑하

" **나에게 아버지란?**

Daddy Book 온라인 설문조사 中

"

는 남자, 새벽 늦날 기다려주는 사람, 영웅, 수없이 많은 대답을 가지고 있는, 나의 어머니가 사랑하는, 해결사, 나를 낳아 준, **우리 집안의 가장**, 운전을 잘하는, 눈물나게 하는 사람, 가장 훌륭한 분, 나의 응원자, 롤모델, 따뜻한 손을 가지고 있는, **가시고기 사랑,** 나침반, 존재만으로도 든든한, 또 다른 나, 늘 친구 같이 편하게 이야기할 수 있는, 이정표, 내 인생의 단 한 분, 지침서, **후원자**, 이상형, 시련과 고통을 이겨낸 사람, 푸른산, 내가 효도해야 할, 애틋함, **안타까움**, 우리 가족의 대통령, 너무나도 특별한, 거울, 가장 가까이 있으면서도 어려운, 꿈, 희생, **레전드**, 공기, 포근함, 등대, 안경, 무뚝뚝한 남자, 미안함, 파수꾼, 해결사, 보물, 망원경

Daddy's Day.

09

아빠의
'BEST'

"The Most" Questions to Daddy

Scrap. 09

우리 가족이 가장
행복했던 때의 사진을 붙여주세요.

*Paste a picture of the happiest moment
of my family.*

Date.　　　.　　.

177

□

아빠로서 가장
행복했던 일은 무엇이었나요?

*Daddy, when was the happiest moment
as a father?*

A.

아빠가 된다는 사실을 처음 알았을 때,

자녀가 태어났을 때,

자녀가 처음으로 "아빠"라고 불러줬을 때,

자녀가 첫 걸음마를 시작했을 때,

자녀가 학교에서 상을 받았을 때,

자녀가 첫 월급으로 선물을 사드렸을 때,

자녀가 생기고 매일매일

Date. 20 . .

행복한 삶의 비밀은 올바른 관계를 형성하고 그것에 올바른 가치를 매기는 것이다.
노먼 토머스 (Norman Thomas)

178

□

아빠가 요즘 가장
즐겨부르시는 노래 18번은 무엇인가요?

Daddy,
what is your favorite song?

A.

■ 노래 제목 :

■ 가수 :

■ 좋아하는 이유 :

Date. 20 .   .

아이들은 부모를 사랑함으로써 출발하고, 나이가 들면서 부모를 평가하며,
때때로 부모를 용서하기도 한다.
오스카 와일드 (Oscar Wilde)

179

□

아빠가 가장
잘 할 수 있는 음식은 무엇인가요?

Daddy,
what can you cook the best?

A.

Date. 20   .   .

오직 남을 위해 산 인생만이 가치 있는 것이다.
알버트 아인슈타인 (Albert Einstein)

180

□

아빠가 겪은 가장 힘들었던 일은
무엇이고 그 일을 어떻게 극복했나요?

Daddy, when was the toughest moment as a dad?
How did you overcome it?

A.

Date. 20   .   .

극복할 장애와 성취할 목표가 없다면 우리는 인생에서
진정한 만족이나 행복을 찾을 수 없다.
맥스웰 몰츠 (Maxwell Maltz)

181

□

아빠가 살아오면서
가장 화났던 때는 언제인가요?

Daddy,
when were you most upset?

A.

Date. 20   .   .

저렇게 작은 촛불이 어쩌면 이렇게 멀리까지 비쳐 올까!
험악한 세상에선 착한 행동도 꼭 저렇게 빛날 거야.

윌리엄 셰익스피어 (William Shakespeare)

182

□

아빠는 살아오면서
언제 가장 많이 우셨나요?

*Daddy, when did you cry the most
in your Life?*

A.

Date. 20   .   .

이 슬픈 세상에서 슬픔은 누구에게나 찾아온다. 슬픔을 완전히 해소할 수 있는 방법은 시간밖에 없다.
사람들은 시간이 지나면 괜찮아질 것이라는 사실을 당장에 깨닫지는 못한다. 그러나 이것은 실수다.
우리는 반드시 다시 행복해진다. – 에이브러햄 링컨 (Abraham Lincoln)

183

□

아빠 인생에 가장
도움을 준 한 사람은 누구인가요?

*Daddy, who helped you the most
in your life?*

A.

■   이름 :

■   이유 :

Date. 20   .   .

재산보다는 사람들이야말로 회복돼야 하고, 새로워져야 하고, 활기를 얻고, 깨우치고,
구원받아야한다. 결코 누구도 버려서는 안 된다.
오드리 햅번 (Audry Hepburn)

184

□

아빠의 인생에서 가장
소중한 것은 무엇인가요?

*Daddy, what is the most precious thing
in your life?*

A.

Date. 20 .   .

진정 진리를 추구하려면 최소한 인생에 한 번은 가능한 한
모든 것에 대해서 의심을 품어봐야 한다.
르네 데카르트 (Rene Descartes)

185

□

아빠 자신이 가장
자랑스러웠던 순간은 언제인가요?

*Daddy, when were you most proud
of yourself?*

A.

Date. 20   .   .

긴 인생을 살면서 내가 배운 가장 큰 교훈은 누군가를 믿을 만한 사람이 되게 하는 유일한 방법은
그를 신뢰하는 것이라는 점이다. 누군가를 믿지 못할 사람으로 만드는 가장 확실한 방법은 그를
불신하고 그 불신을 드러내는 것이다. – 헨리 L. 스팀슨 (Henry L. Stimson)

186

□

지금 아빠에게 가장
두려운 일은 무엇인가요?

*Daddy, what are you most afraid
of right now?*

A.

Date. 20 . .

당신이 할 수 있거나 할 수 있다고 꿈꾸는 그 모든 일을 시작하라.
새로운 일을 시작하는 용기 속에 당신의 천재성과 능력, 그리고 기적이 모두 숨어 있다.
요한 볼프강 폰 괴테 (Johann Wolfgang von Goethe)

187

□

아빠가 지금 가장
하고 싶은 일은 무엇인가요?

Daddy, what is the thing that you most wish to do?

A.

Date. 20 . .

사람들은 앞으로 더 오래 살 것이고 늙어갈 것이므로,
어린아이로 더 오래 있는 방법을 배워야 할 것이다.

앤디 워홀 (Andy Warhol)

188

□

아빠가 힘이 들 때
가장 보고 싶은 사람은?

Daddy, who do you miss the most
when you have hard times?

A.

□ 부모님

□ 친구

□ 가족

□ 첫사랑

□ 선생님

□ 기타 :

Date. 20   .   .

인간사에는 안정된 것이 하나도 없음을 기억하라.
그러므로 성공에 들뜨거나 역경에 지나치게 의기소침하지 마라.

소크라테스 (Socrates)

189

□

아빠의 물건 중
가장 소중한 보물 1호는?

Daddy,
what is your treasure no. 1?

A.

Date. 20   .   .

당신이 어떤 일을 해낼 수 있는지 누군가가 물어보면 대답해라. "물론이죠!"
그 다음 어떻게 그 일을 해낼 수 있을지 부지런히 고민하라.

시어도어 루즈벨트 (Theodore Roosevelt)

190

□

살아오면서 가장
잘한 일이라고 생각하는 것은 무엇인가요?

*Daddy, what do you think is the best thing
that you did?*

A.

240

인생에서 가장 위대한 교훈은, 심지어는 바보도 어떨 때는 옳다는 점을 아는 것이다.

윈스턴 처칠 (Sir Winston Churchill)

191

□

지금까지 가족여행 중 가장 기억에 남는 여행지와 사건은 무엇인가요?

Daddy, what place that do you remember the most from the places our family visited?

A.

자식 키우기란 자녀에게 삶의 기술을 가르치는 것이다.
일레인 헤프너 (Elain Heffner)

192

□

인생에 있어서 연령대별로 가장
중요하다고 생각하는 것은 무엇인가요?

*Daddy, what do you is think
the most important thing in life? (by age)*

A.

10대에는 _____ 가(이) 최고이고,

20대에는 _____ 가(이) 가장 중요하고,

30대에는 _____ 가(이),

40대에는 _____ 가(이) 제일 필요하고,

50대에는 _____ 가(이) 정말 소중하고,

60대에는 _____ 가(이) 꼭 있어야 한단다.

Date. 20 .   .

시간은 인생의 동전이다. 시간은 네가 가진 유일한 동전이고, 그 동전을 어디에 쓸지는
너만이 결정할 수 있다. 네 대신 타인이 그 동전을 써버리지 않도록 주의하라.
칼 샌드버그 (Carl Sandburg)

My Daddy's Good Points

자녀가 말하는 우리 아빠의 장점

자상함 속에 강인함을 가지고 계신다, 무뚝뚝하지만 여린 마음을 가지고 계신다, 부지런하시다, 굳은 심지를 가지고 계신다, 긍정적이시다, 마음이 따뜻하시다, 책임감이 강하시다, 자식을 향한 사랑이 넘치신다, 가정적이시다, 정이 많으시다, 로맨틱하시다, 좋은 대인관계를 가지고 계신다, 운동감각이 좋으시다, 친구 같이 친근하시다, 바른 생활을 하신다, 엄마를 사랑하는 마음이 크시다, 다정다감하시다, 든든하시다, 이해심이 크시다, 자녀에게 큰 버팀목이 되어주신다, 잘 생기셨다, 가족을 위해 헌신하시고 희생하신다, 자유로운 자녀 교육 방침을 가지고 계신다, 정직하고 진실하시다, 순수하고 깨끗하시다, 가족을 사랑하는 마음이 크시다, 일에 대해 열정이 대단하시다, 성실하시다, 술, 담배, 도박을 기피하신다, 자신감이 넘치신다, 꼼꼼하고 세심하시다, 세상을 어떻게 살아야 하는지 아는 지혜로움을 가지고 계신다, 항상 웃으신다, 다른 사람을 먼저 배려하신다, 늘 당당하고 남자다우시다, 항상 열심히 사신다, 다른 사람을 존중하신다, 박학다식하시다, 약속을 잘 지키신다, 계획적이시다, 집안일을 많이 도와주신다, 자녀와 가족에 대한 믿음이 강하시다, 가족이 항상 최우선이시다, 못하시는 게 없으시다, 사교성이 좋으시다, 통찰력을 가지고 계신다, 강인한 정신력을 가지고 계신다, 강한 통솔력을 가지고 계신다, 리더십을 가지고 계신다, 밝고 인자하시다, 결단력과 행동력이 있으시다, 마음이 넓으시다, 생활력과 위기에 강하시다, 참을성이 강하시다, 절약정신이 투철하시다, 효심이 깊으시다, 할 때와 안 할 때를 아신다, 인성을 중시하신다, 느림의 미학이 있으시다, 줄넘기를 잘하신다, 집중력이 좋으시다, 손재주가 좋으시다, 비밀 약속을 잘 지키신다, 음식을 가리지 않으신다, 야구를 잘하신다, 100m보다 마라톤을 잘하신다, 주말이면 이름 모를 요리를 잘 만들어주신다, 등산을 잘하신다, 엄마의 잔소리를 잘 참으신다, 독서를 좋아하신다, 키가 크시다, 운전을 잘하신다, 잘한 일이 있으면 칭찬을 해주신다, 센스있으시다, 무슨 일이 있어도 절대 울지 않으신다, 예의범절을 중요시하신다, 힘이 세시다, 친구 고민 상담을 잘해주신다, 건강관리를 잘하신다, 편애하지 않으신다, 면도를 잘하신다, 매력이 많으시다, 수영을 잘하신다, 아침 일찍 출근을 잘하신다, 내비게이션이 없어도 길을 잘 찾으신다, 고기를 잘 구우신다, 남자 중의 남자이시다, 분석적이시다, 동안이시다, 사람에 대한 편견이 없으시다, 내가 밤 늦게 귀가하는 날이면 안 주무시고 기다려주신다, 맥가이버 같으시다, 반찬 투정을 안하신다, 한결 같으시다, 표정에서 감정을 드러내지 않으신다, 문제를 스스로 해결하시고 독립적이시다, 가족사진을 잘 찍으신다, 다른 사람의 말을 끝까지 경청하신다, 겁이 없으시다, 엄마보다 잔소리를 훨씬 더 적게 하신다.

Daddy's Day

10

아빠,
그리고 노후

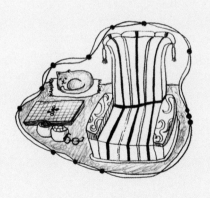

Daddy's Later Years

Scrap. 10

꼭 가보고 싶은 곳의 그림이나 사진을 붙여주세요.
Paste a picture of a place
where Daddy really wish to visit.

Date.　　　.　　　.

193

□

할아버지가 되었을 때
하고 싶은 일은 무엇인가요?

Daddy, what would you want to do
when you got older?

A.

전원생활 하기,

취미생활 만들기,   손자들 돌보기,

손자들 재롱보기,   무언가를 배우기,

여행다니기,   무조건 쉬기,   손자들 용돈주기,

여가생활 하기,   운동하기,   친구 만들기,

실버타운 가기,   자녀들에게 용돈받기

Date. 20　　　.　　　.

꿈은 이루어진다. 이루어질 가능성이 없었다면 애초에 자연이 우리를 꿈꾸게 하지도 않았을 것이다.
존 업다이크 (John Updike)

194

□

노후에 대한
걱정은 없으신가요?

*Daddy, do you have any worries
about your later years?*

A.

□ Yes   □ No

■ 이유는?

Date. 20   .   .

성숙하다는 것은 다가오는 모든 생생한 위기를 피하지 않고 마주하는 것을 의미한다.
프리츠 쿤켈 (Fritz Kunkel)

195

□

아빠는 노후에
어디에서 살고 싶으신가요?

Daddy, where do you want to live
when you get older?

A.

□ 큰 도시의 아파트

□ 전원주택

□ 실버타운

□ 자녀와 함께

□ 기 타 :

Date. 20   .   .

196

□

아빠가 앞으로 꼭
해 보고 싶은 것은 무엇인가요?

*Daddy, what do you really want to do
in the future?*

A.

▦   1순위 :

▦   2순위 :

▦   3순위 :

Date. 20   .   .

낮에 꿈꾸는 사람은 밤에만 꿈꾸는 사람에게는 찾아오지 않는 많은 것을 알고 있다.
에드거 앨런 포 (Edgar Allan Poe)

197

□

아빠와 엄마의
노후계획은 무엇인가요?

Daddy, do you have any plans with mommy
about your later years?

A.

20년 후 당신은, 했던 일보다 하지 않았던 일로 인해 더 실망할 것이다. 그러므로 돛 줄을 던져라.
안전한 항구를 떠나 항해하라. 당신의 돛에 무역풍을 가득 담아라. 탐험하라. 꿈꾸라. 발견하라.

마크 트웨인 (Mark Twain)

198

□

아빠가 죽기 전에
꼭 가보고 싶은 곳은 어디인가요?

*Daddy, where do you really wish to visit
before you die?*

A.

Date. 20   .   .

도전은 인생을 흥미롭게 만들며, 도전의 극복이 인생을 의미 있게 한다.
조슈아 J. 마린 (Joshua J. Marine)

199

☐

아빠는 자녀들에게
어떤 아버지로 기억되길 원하시나요?

*Daddy, how do you wish to be remembered to
your children?*

A.

자신에 대한 정의를 바꿀 만큼 심대한 변화는 단순히 삶과 사고방식의
사소한 변화가 아닌, 총체적 탈태(脫態)를 요구한다.
마사 베크 (Martha Beck)

200

□

만약 오늘이 아빠의
마지막 날이라면 무엇을 하고 싶으신가요?

*Daddy, what would you want to do if today was
your last day of life?*

A.

Date. 20   .   .

인생에서 가장 의미 없이 보낸 날은 웃지 않고 보낸 날이다.

E. E. 커밍스 (E. E. Cummings)

내가 4살 때, 우리 아빠는 뭐든지 할 수 있었다.

5살 때, 우리 아빠는 모든 걸 알고 있다.

6살 때, 우리 아빠는 다른 애들 아빠보다는 똑똑하다.

8살 때, 우리 아빠는 정확하게 알지 못하는 것도 조금 있다.

10살 때, 나는 옛날 아빠가 어렸을 때와 지금과는 분명히 다른 것 같다고 생각해.

12살 때, 진짜 아빠는 아무것도 몰라. 너무 나이가 많이 들어서 자기 어렸을 때를 전혀 기억 못해.

14살 때, 우리 아빤 더 이상 신경 쓰지 마. 아빠는 너무 구식이야.

21살 때, 그 사람? 맙소사… 그 사람은 완전 구제불능에 구닥다리야.

25살 때, 아빠가 그 부분에 대해서는 약간 알지. 하지만 그건 오랫동안 그렇게 해왔기 때문에 당연히 알아야 하는 거지.

30세 때, 아버지는 경험이 많으시니까 아무래도 아버지 생각을 물어봐야 할 것 같아.

35세 때, 이제는 아버지와 상의 없이는 어떤 일도 하기 힘들다.

40세 때, 난 가끔 아버지께서 어떻게 이런 문제를 해결하셨는지 궁금해. 그 분은 정말 경험이 풍부하고 지혜로우신 것 같아.

50세 때, 아버지께서 지금 여기 계셔서 그분과 이 일에 대해 이야기할 수만 있다면… 그토록 현명하신 분이었다는 것을 진작에 깨달았어야 했는데. 그랬으면 정말 많은 것을 배울 수 있었을 텐데…….

칼럼리스트 앤 랜더스 (Ann Landers)

Only One

대디북 편집팀이 뽑은 유쾌한 질문

Only One

Q. 아빠 제 세뱃돈은 얼마나 모였나요?

Q. 아빠 회사는 어디에 있어요?

Q. 아빠가 좋아하는 만화 주인공은 누구에요?

Q. 아빠의 키와 몸무게는 얼마인가요?

Q. 아빠, 저랑 제일 친한 친구 이름을 아세요?

Q. 우리도 집에서 개 키우면 안돼요?

Q. 아빠가 받아본 성적 중에 제일 높았을 때가 언제에요?

Q. 아빠가 생각했을 때, 나는 어떨때 제일 예쁜가요?

Only One

Q. 아빠가 제일 싫어하는 일은 무엇인가요?

Q. 저는 누굴 닮아서 공부를 못하는 걸까요?

Q. 먹기 싫은 음식은 안 먹으면 안돼요?

Q. 할아버지는 어떻게 생겼어요?

Q. 아빠는 왜 내가 아프다고 할때, 참으라고 하시나요?

Q. 아빠, 부자는 얼만큼 있어야 부자일까요?

Q. 아빠는 요즘 티비에 나오는 노래를 보면 어떤 생각이 드나요?

Q. 초능력이 주어진다면 어떤 능력을 가지고 싶으신가요

Only One

Q. 아빠도 드라마를 좋아하나요?

Q. 멀리가실때마다 드라이브하러 가자고 하시는 이유가 있나요?

Q. 아빠가 용돈을 정하면 얼마를 받고 싶으신가요?

Q. 아빠가 요즘 제일 좋아하는 드라마는 어떤건가요?

Q. 집안에 아빠만의 비밀 장소가 있나요?

Q. 제가 성형(타투)해서 나타난다면 아빠의 반응은?

Q. 아빠도 '아재개그'가 재미있나요??

Q. 아빠가 들었을 때, 아빠의 하루를 행복하게 할 거 같은 말은?

Only One

Q. 아빠는 언제부터 혼자서 척척 다 할 수 있었나요?

Q. 아빠가 생각하는 제일 간단하고 오래 먹을 수 있는 음식은?

Q. 아빠는 친구들과 만나면 어느동네에서 주로 놀아요?

Q. 아빠는 돌잔치 때 뭘 잡았어요?

Q. 다이어트를 한다면 몇키로가 되고 싶으세요?

Q. 아빠는 금연, 금주 중에 더 쉬운건 어떤건가요?

Q. 아직도 아빠에게 어려운 일이 있다면?

Q. 아빠, 오늘도 저 기다려주실 거죠? 사랑해요!

Only One

Q. 아빠, 내가 효도할 때까지 오래오래 살거죠?

Q. 아빠는 몇살때부터 '독립'했다고 생각하시나요?

Q. 아빠는 왜 맨날 TV 켜놓고 주무시나요?

Q. 아빠, 집안일중에 제일 편한일은 어떤거라고 생각하시나요?

Q. 아빠와 다투고 화해하고 싶을때, 우리끼리 암호는 어떤게

　　좋을까요?

Q. 제가 첫 월급을 받아서 드리면, 그 돈으로 무얼 하실 건가요?

Q. 아빠도 평일보다 주말이 더 시간이 잘 가는 것 같으신가요?

Q. 제가 단둘이 데이트 신청을 한다면 아빠는 함께 해주실건가요?.

아빠가 보내는 편지

Date.   .   .

Daddy Book

1판 55쇄 발행 | 2022년 04월 18일

저 자 | 세상에 하나 뿐인 우리 아빠
발행인 | 한승우
발행처 | ㈜ INNOVER KOREA

마 케 팅 | 양혜정
기획편집 | 신수진 강민재 최기운 오채현
북디자인 | 유정화 정태건
일러스트 | 윤수윤
영어번역 | 이지은 Jane Hong
서포터즈 및 설문조사담당 | 곽문실 김지욱 박지선 신다빈 신승희 이길영 이시원 정정희 천홍주

등록
주소 | 서울시 성동구 성수일로 10 402호
전화 | 02-542-1302
팩스 | 02-542-1303
인쇄 | GNC AA EDITION
제본 | GNC AA EDITION

ISBN 979-11-950118-0-3